知的生きかた文庫

もう恥をかきたくない人のための正しい日本語

山口謠司

三笠書房

はじめに

ことわざに「口は善悪の門、舌は禍《わざわい》の根」という言葉があります。言葉がもとで招く災いは、今も昔も絶えることがありません。言葉には気をつけるようにしなければならないという意味です。

こんなことがありました。

ふだん、ニコニコして気が置けない大学の事務の女性が、怒った様子で、眉間に皺《しわ》を寄せていました。

「なにかあったの？」と聞くと、「夫のお母さんに腹が立って仕方がないんです」と言って、こう続けました。

「週末、おいしいお料理をご馳走したいと思いますので、是非うちにランチに来てください」と言ったら、義母から「せいぜいがんばって！」と言われたのです。

「せいぜい」と言われて、腹が立って仕方がありません。

彼女が立腹したのは、お母様の「せいぜい」という言葉のせいです。「せいぜいがんばって！」と言われて、彼女は「どうせ、やっても高が知れている」と、決めつけられたように感じたのです。

しかし、「せいぜい」は、漢字では「精々」と書きます。「精魂を込めて」、「一生懸命」「力を振り絞って」という「応援」の意味です。

お義母様は、「応援」の気持ちを込めて仰ったのでしょう。お年を召された方の中には、「せいぜい」を「応援」の気持ちで使う人もいます。

でも、今の五〇代より若い人は「せいぜい」を、彼女と同じように「十分見積もってもどうせ、ある程度までしかできない」という意味で理解しています。

世代によって言葉の意味がまったく変わってしまうことはよくあることです。これは、インターネットの普及によって以前よりさらに大きくなってきています。

また、丁寧語、謙譲語、尊敬語などのいわゆる敬語は、学校でも教えることが非常に難しくなっています。それは、古典文法から長い時間掛かって派生した動詞などの活用を理解することが、困難な教育システムになってしまったのと、これまでの敬語のあり方を保持する社会が崩壊しつつあるからに他なりません。

しかし、自分が使う言葉によって、人を傷つけたり、自分が恥をかいたりすることもあり得ます。

恥をかかないための語彙力は、本来の言葉が持つニュアンスをしっかり理解しておくことにあるのではないかと思います。

言葉は変化するものです。ただ、言葉の変化と同時に、それが本来の表現だったかを知ることによって語彙力は得られるのです。

楽しみながら、正しい日本語を本書によって身に付けていただければ、これほどの喜びはありません。

山口謠司

もくじ

第1章　日常会話で違和感を覚える日本語

第2章 ビジネスで使うと恥をかく日本語

第3章 うっかり使うと恥をかく敬語

第4章

メールや文章の間違いがちなマナー

第5章 間違って覚えられている日本語

この違いわかりますか？

本文ＤＴＰ／株式会社Ｓｕｎ Ｆｕｅｒｚａ
編集協力／オフィス・スリー・ハーツ

第1章

日常会話で違和感を覚える日本語

相手から何かを頼まれたときの返事は

✕ 了解です

⇐

〇 承知しました

授業の始めに、日直の生徒が掛ける「起立」「きをつけ」「礼」「着席」という号令にしたがって、教室で先生に敬意を表するという儀式が、長い間わが国では行なわれて来ました。必ずしもそれが悪いとは言いませんが、少し前時代的、かつ軍隊的である印象は否めません。

「わかりました」を「了解です」と言う人をよく見かけます。

「了解」は「はっきりよくわかる」という意味で、日常会話でもよく使われる便利な言葉ですが、受けた命令や伝達に対して、軽く答えているような印象を与えてしまいます。無線通信やアメリカ映画で使われるぞんざいな「ラジャー」と同じような感じです。

軽い印象を与えてしまう理由は、「了解」は本来「諒解」と書くべきところを略して書いたものであり、「明了（瞭）に解読・解釈できた」という言葉を軍隊的に略したものでもあるからです。

相手がどういう人であろうと、何かを頼まれたとき、また連絡を受けたときには、「承りました」とか「承知しました」と答えるのが丁寧ですし、そのほうが好印象を持たれます。

「承る」という言葉は、目上の人の言葉をちょうだいするという意味で、「つつしんでお受けする」「心を込めて受ける」という意味を表します。返事をするときには、ぞんざいな気持ちではなく、心を込めることが大切ではないでしょうか。

相手に謝罪をするときは

× すいません・すいません

○ 申しわけございません

「すみません」という言葉は「やばい」と並ぶ、便利な日本語のひとつです。人を呼ぶときやお願い事をするとき、謝るときやありがとうの代わりにも「すみません」を使うことができます。「すみません、おじゃまします」「すみません、お願いします」は、外国の人が日本語会話を学ぶ際の必修の言い回しにもなっています。

日常会話では、「すいません」「すんません」などと言うこともあるかもしれません。いずれも、くだけた言い方で、その場凌ぎの印象を受けてしまうのは私だけでしょうか。

「すみません」は、「物事が済む」「物事を済ませる」「気が済む」に打ち消しの「ん」が付いてできたものです。

そのため、「すみません」という言葉は、江戸時代までは「気持ちの上で満足しない」「納得できない」という意味で使われていました。

つまり、もともと謝罪や依頼の言葉として生まれたものではなかったのです。

人を呼ぶときには「お願いします」、謝るときには「申しわけございません」、感謝をするときには「御礼申し上げます」と、はっきり言うようにしましょう。「すみません」は、「住みません」、「すいません」だと「吸いません」と、変な同音異義語になって聞こえてしまう可能性もあります。

相手の知恵をお借りしたときは

× 参考になりました

⇐

○ **大変勉強になりました**

学生からお願いのメールがありました。就職活動のためのエントリーシートに、ゼミでの研究内容をまとめなければならないというのです。こういう依頼は、毎年のことですから、すぐに返事を送ると、こんな返信がきました。

「迅速な対応ありがとうございます！」

加えて、資料を添付して送ると、またこんな返事が返ってきました。

「参考になりました！」

「参考になりました」という言葉は、「参考となるご意見を賜り、誠に恐縮の至りです」などという使い方をすればまだ許されるかもしれません。

しかし、言われたほうは、上から目線というか、相手の考えを決めるときの足しとしてしか、自分の意見を扱われていない印象を受けてしまいます。同輩同士で使うのはいいとしても、目上の人、経験を積んだ人に「参考になった」という言葉は、やはり失礼です。「勉強になりました」「勉強をさせていただきました」と気持ちを込めて相手に感謝するのが、日本語らしい返答なのではないでしょうか。

学生たちがこのような言葉を使ってしまうのは、無理もありません。この学生に限らず、現代の若者たちは、英会話も含め、画一化した「言い回し」を覚えて使っているだけなのが現状です。日本語は、尊敬、謙譲、丁寧など、「気持ち」を最も大切にしてきた言語ですので、形だけの「言い回し」の濫用になってしまわないよう、言葉に込められた「気持ち」を理解して使っていきたいものです。

目上の人が何かを「見た」とき

× ごらんになられる

⇐

○ **ごらんになる**

「ごらんのとおり」は、プレゼンテーションなどのビジネスシーンでよく耳にする言葉です。この「ごらん」、どのような漢字を書くかみなさんはご存じですか。

漢字では「御覧」と書きます。

中国、北宋時代に編纂された大百科事典で『太平御覧《たいへいぎょらん》』という一〇〇〇巻に及ぶものがあります。これは北宋の第二代皇帝・太宗《たいそう》が勅命を出して作らせたものです。

「天」「地」「職官」「疾病」「工芸」「衣服」「獣」「鳥」「昆虫」などの五五部門、約五〇〇〇項目がひとつひとつ解説されており、引用文献は一六九〇種類にも及ぶといわれています。

皇帝として君臨するということは、言い換えれば、天地の間に存在するすべてのものを掌握しているということでした。そして、この事典の書名は、皇帝がこの世の物事のすべてを「太平」に治める方策を知るために、「御覧」になる本という意味なのです。

おもしろいことに、この事典は中国では亡失していますが、現在、日本には宮内庁、静嘉堂《せいかどう》文庫、東福寺がそれぞれ所蔵しているものが残っています。美しい書体で印刷された本は、まさに皇帝が「御覧」になるに相応《ふさわ》しい威厳を保っています。

さて、「ごらんになられる」という言い方をする人がいますが、「御覧」は、「御」という漢字が使われるように、すでにこれで敬語です。「なられる」は「なる」の敬語ですから「御覧になられる」は敬語を重複させることになってしまいます。

日本語は基本的に、「二重敬語」は使わないことを原則にしています。

お客様の来訪を告げるとき

× お見えになられました

○ お見えになりました

「お見えになる」は、目上の方がこちらへ「来る」ことを表します。「お越しになる」「おいでになる」「いらっしゃる」という言い方で置き換えることも可能です。

江戸時代、将軍や大名などに面会することは「御目見《おめみえ》」と言われており、将軍に謁見《えっけん》することが許された身分のことを「御目見以上」と呼び、武士の格式を表す語として用いられていました。

これは、古代、天皇自らが治めている天下を、直接「目」で「見る」という行為が、そのまま天下の安寧《あんねい》と泰平《たいへい》を願う意味であったことに由来する言葉です。

ですから、本来なら「お見えになる」は、会長や社長、部長など会社や部署などを統括するような人が、直接部下に会って、状況の把握をするという意味で使われるものです。しかし、現代では、尊敬語としてのみ使われるようになってしまいました。

「お見えになられる」という言い方は、「お見え」がすでに尊敬を表す言葉で、それに「なられる」と使うと、二重敬語になってしまいます。

丁寧な言葉遣いは大切ですが、「お見えになられる」と言うと、慇懃無礼《いんぎんぶれい》な言い方だと思われてしまうかもしれません。

「お見えになる」「おいでになる」と言うのがふつうで、遠いところからわざわざ「お見えになる」場合には、「お越しになる」を使うのが適切です。

困っている人を気遣うひと言

× どうかいたしましたか？

⇐

○ **いかがなさいましたか？**

明治時代の女流文学者・樋口一葉の『ゆく雲』に「本当にどうか遊《あそば》していらっしゃる」と、女性がひとりごちるシーンがあります。

相手の状態がふつうでないことを気にかけた言葉です。現代ではこのような言い回しを使いませんが、じつは「どうされたのかしら？」という意味の言葉です。

さて、「どうか」という言葉は、明確な根拠もなく、判断をうまくしようがないというニュアンスを持つ言葉です。これは、「どこか」「どれ」なども同じですが、「ど」という語感が、「鈍感」「鈍器」など、ちょっと鈍《にぶ》い印象を与えるからです。

それに対して、「どうか」と同じ意味の「いかが」は、鋭敏な印象を与えます。「怒り」「烏賊《いか》」「射る」など、「い」が鋭利なものを表す語感があるからです。

なので、相手の心理や体調などの状態が正常でないとき、「どうか」という疑問を投げるのは、相手に漠然とした不安を与えてしまいます。「いかが」と、直接的にその原因を知るべく聞いたほうが、真剣に心配をしているという気持ちを伝えることができるのです。

また、「どうかいたしましたか?」の「いたす」は、自分の行動を相手よりも下の立場としてへりくだって言うときの、「する」の謙譲語です。つまり、「状態が正常でない」のは相手ですから、「どうかいたしましたか?」という言い回しは間違いだということになります。

「相手」が「どういう具合でいらっしゃるのか」を聞くためには、「いかがなさいましたか?」あるいは「いかがあそばされましたか?」と尋ねましょう。

会話でついつい使ってしまう「ら抜き言葉」

× 食べれる・着れる

⇐

○ **食べられる・着られる**

平成七（一九九五）年、文化庁が行った「新しい時代に応じた国語施策について（審議経過報告）」によれば、いわゆる「ら抜き言葉」は、昭和初期から使われ始め、第二次世界大戦後さらにそれが増加して、世間で広く使われるようになったものだと書かれています。

「ら抜き言葉」という言葉は、一〇年程前まで社会問題としてメディアでも多く取り上げられていましたが、最近では「ら抜き」が当たり前になり、この言葉自体もほとんど忘れ去られているようです。

そもそも、「ら抜き言葉」とは、「可能（できる）」という意味で使う「食べられる」「着られる」を、「食べれる」「着れる」のように「ら」を欠落させる言葉遣いを指します。可能の「ら」がついている「食べられる」であれば「食べることができる」、「着られる」であれば「着ることができる」という意味になります。

しかし、会話の中で「食べられる」と言うと、「食べられてしまう？」、「着られる」だと「着られてしまう？」という受け身の意味で解釈されてしまう可能性もあります。

つまり、可能の意味と受け身の意味を混在させないように、自然と話し言葉の中で「ら抜き言葉」が生まれたのです。

国語審議会は、「改まった場での『ら抜き言葉』の使用は現時点では認知しかねるとすべきであろう」と答申を出していますので、公的な場での「ら抜き」は注意をしたほうがいいと思います。

体調不良や急用で仕事を休みたいとき

✕ 休まさせていただきます

⇐

○ **休ませていただきます**

「このシャツを着るね！」と言ったら、「自分から進んで着る」ことになります。「着させていただきます」と言えば、「着る」という自分の行為をへりくだっていることになります。

さて、「今日は休みます」と言ったら、病気や用事などで「自分から、会社や学校などを休む」ということになります。

一方で、「休ませてください」と言えば、「休むこと」を許可してもらうことになります。これを丁寧に言うと、「休ませていただきます」になります。

ここで注意するべきは、「休まさせていただきます」という言い方はないことです。「さ」が余分なのは、「やらさせていただきます」「読まさせていただきます」が誤りであるのと同じです。

なぜ、「さ」が余分なのかというと、五段活用の動詞は「未然形＋せる」という活用のルールがあるからです。

さらに、「させ」は強い意志で相手の許可を求めているような印象を与えてしまいます。「休まさせていただきます」は、相手が許可するしないにかかわらず、自分の意志を貫こうとする印象になってしまうのです。

「させ」か「せ」かと悩んだときには、「させ」という言葉を使わないようにすると無難です。

名刺交換のシーンでほとんどの人が誤用している

× ちょうだいいたします
⇐
○ **ちょうだいします**

ビジネスシーンで、必ず行なう名刺交換。

そのとき、「ちょうだいいたします」と言う人がとても増えてきました。名刺をもらう相手に丁寧な言葉を使わなければいけないという意識が、「ちょうだい」と「いたします」という二つの言葉を合わせてしまった結果なのですが、日本語としては間違いです。

名刺交換のときは「ちょうだいします」と言うのがもっとも適当です。「ちょうだい」は漢字で「頂戴」と書きますが、これは両手を自分の頭上に上げ、非常に高い身分の人から賞などを授与されることを表します。

「ちょうだい」だけで謙譲を表しているのに、これに「いたします」という自分や自分の側を下位に置いて、相手を重々しく敬うための言葉を使うと、丁寧すぎて、かえって慇懃無礼な言い回しになってしまうのです。いわゆる、二重敬語と呼ばれるものです。

「拝見します」を「拝見いたします」というのも、同じく二重敬語です。「ちょうだいいたします」「拝見いたします」という言い方が段々と定着してきていますが、とくに相手がお年を召した方などであれば、慇懃無礼だと怒られる場合もありますので、気を付けたほうが賢明です。

初対面の相手の名前を知りたいとき

× お名前をちょうだいできますか

○ **お名前をお聞かせ願えますか**

相手の名前を教えてもらいたいときに、「お名前をちょうだいできますか」と言う人がいます。

「下のお名前をちょうだいできますか」などと言われると、「いやぁ、困ったなぁ」と思ったりもします。「ちょうだいできますか」という質問が、「名前を教えてください」という意味であることは十分わかるのですが、「ちょうだい」とはもともと物や賞などを相手から恭《うやうや》しく受けることを意味します。

自分の名前を相手に教えることはできますが、恭しく「ください」と言われても、あげるわけにはいかないものです。


さて、平安時代の紫式部や清少納言など、昔の女性の本名は現在でも分かっていません。それは、決して人に本当の名前を教えなかったからです。当時、名前を教えることは、相手に自分の魂を渡すことだとされていました。名前を教えるということは、それほど恐ろしいことだったのです。

また「下のお名前」というのも不適切です。名前はひとつだけで、上も下もありません。そんな場合には、「お名前を、フルネームで教えていただけますか」あるいは「姓と名をそれぞれお聞かせ願えますか」「フルネームをお伺いしてもよろしいでしょうか」と言うようにしましょう。

資料などの確認が済んだことを、先方に伝えるとき

× 拝見させていただきました

⇐

○ **拝見しました**

書類や原稿がメールで回って来ない日はありません。すぐに見るかどうかは別として、とりあえずすぐに、「見ますね、待っててくださいね」という意味の返事を出さないといけません。

「拝見させていただきますので、今しばらくお待ちくださいませ」という返事を書く人も少なくないのではないでしょうか。

一見、すごく丁寧な言葉に感じるのですが、これは間違いです。「拝」という漢字は、諸説ありますが、「手」という意味を持つ文字を二つ書いたもので、両手を合わせて「受け取る」ことを表します。両手で受け取るのは、大事なものを受け取るときです。「拝見」とは、このように大事なものとして受け取り、中の文章を「見る」ということですので、すでに自分の行動をへりくだって言う謙譲語です。

さらに、「させていただく」も「させてもらう」の謙譲語なので、「拝見させていただく」という言葉遣いは、二重敬語となってしまい、日本語としては誤った使い方になってしまうのです。

すでに記しましたが、二重敬語は、慇懃無礼な表現として、相手に受け取られる可能性があります。敬語は、上手に使い分ける必要があるのです。

祝福するべきではないことに、敬語はつけない

× 御離婚

○ 離婚

上司や友だち、後輩が結婚したときには、お祝いの言葉を贈ります。そのとき、もちろん「結婚おめでとう」と言うのがふつうですが、これは相手を祝福する言葉ですから、丁寧に「御」という言葉を付けて「御結婚おめでとう」と言うようにしましょう。

丁寧さと華やかさが添えられて、言葉を受けるほうもより祝福されている印象を

抱くのではないでしょうか。

さて、「結婚」の反対の「離婚」は、祝福するべきことではありません。事情によっては訴訟などにも及ぶ可能性がある問題ですし、離婚には悲しみや苦しみがつきまとうのがふつうです。

このようなマイナスのイメージを持つ言葉には、丁寧さや華やかさを添えるような「御」という言葉を付けないようにしましょう。「御」を付けると、なんでも丁寧になると思っている方も少なくありませんが、こういう言葉に「御」は付けるべきではないのです。

「離婚」には「離縁」「夫婦別れ」「縁切り」「絶縁」「不縁」などの類語がありますが、いずれも「御」を付けることはありません。

ことわざの語源をしっかりと理解しよう

× 目は口ほどに物をおっしゃる

⇐

○ 目は口ほどに物をいう

時代の変化は、言葉にも大きな影響を与えます。それはたとえば、本来、世代を超えて耳学問として伝えられてきた「ことわざ」も、「教え」としての効力をほとんど失ったように思われます。

「目は口ほどに物をいう」は、「情のこもった目つきは、口で話すのと同じ程度に気持ちを相手に伝える」という意味で、江戸時代、恋する間柄での言葉として使われたものでした。「気があれは、目も口ほどにものを言ひ」と『柳多留拾遺《やなぎだるしゅうい》』（巻八上）などにも見えています。

ところが、この言葉は戦後まもなくから、恋愛の言葉としてではなく、「無口な人の気持ちや雰囲気を目で読む」という意味で使われるようになってしまいます。そして、無口で怖く、偉い立場の人に対する敬意と自分を謙遜することから、「（そういう人の）目は、口で伝えられる言葉より、多くのことを言う」の意味で「言う」を「おっしゃる」に言い換えられるようになってしまったのでしょう。

そういえば、『論語』の「子曰く」は、二〇〇〇年頃まで「しのたまわく」と読む人が多かったのが、最近では「しいわく」と読むようになりました。孔子を聖人だとすれば「しのたまわく」となるのでしょうが、孔子は「聖人」ではなく、ひとりの哲学者、思想家として相対的な「人」として扱われるようになったからでしょう。

言葉の変化は、時代の変化です。必ずしも「古い言葉＝正しい言葉」ではありませんが、言葉の変化が何に起因しているのかを知ることは、大切なことではないかと思います。

「頭痛が痛い」などの重ね言葉に要注意！

✕ 後ろから羽交い締めにする
⇩
○ 羽交い締めにする

「羽交《はが》い締《じ》め」とは、攻撃する相手の背中の前に立って、相手の両脇の下から自分の両腕をそれぞれ通し、相手の後頭部で自分の両手を組んで、相手を動けなくする格闘技の技をいいます。レスリングやプロレスリングの世界共通の技名では、「ネルソン・ホールド」とも呼ばれます。

「羽交い」とは、鳥の両翼が交わる部分、また羽の両翼を指す言葉ですが、これを鳥の背中側で一緒に握ってしまうと、鳥が動けなくなる、飛べなくなってしまうことから「羽交いを締める」と言うのです。

つまり、「羽交い」は、「前」から締めることはできません。

鳥でも同じことですが、格闘技で、前から相手の両脇の下に自分の両腕を通してしまうと、相手の顔と自分の顔がくっついてしまい、変な形になってしまいます。「羽交い締め」という言葉には、すでに「後ろから行なう技」という前提条件がありますので、これに「後ろから」という言葉を付けてしまうと、「重ね言葉」になって、相手に違和感を持たせてしまいます。

「後悔」は「後」ですることが前提ですから、「後で後悔しないように」なども「重ね言葉」です。

「上にのぼる」「下にくだる」なども考えてみれば重ね言葉ですが、場面によって誤解を与えないように、こうした言葉が使われることはよくあります。時と場合に応じて使い分ける必要があります。

相手に助けを求めるとき、これが言える人はすごい！

× お力になってください

⇓

○ お力添えをいただけませんでしょうか

「力になる」という言葉は、少なくとも室町時代頃から使われています。「頼みどころになる」「助けとなる」「人のために骨を折る」「尽力する」という意味です。

こういう意味だと分かれば、「お力になってください」というお願いをするのは、「私を助けるために、頼みどころとなって、骨を折って、尽力してください」という意味になって、失礼にあたる言い方だということが分かるのではないでしょうか。

この場合の「お力」は、「私の力」を丁寧に言ったものになってしまいます。

もし、後見人がなければ昇進ができなかったような時代、後押しをしてくれる人に、助けを借りるために「お力になってください」と言ったら、「なんと失礼なことを言う者か！」と怒られて、とんでもないことになったのではないかと思います。

こんなときには「お力添えをいただけませんでしょうか」とお願いするのがいいでしょう。


ついでですが、「是非、お力添えをいただけませんでしょうか」などと、「是非」を付けるのも遠慮したほうが無難です。

「是非」という言葉は、「あなたが合意しようが、合意しまいが構わないので」という強い意味があるからです。「否応なしに、なんとか力になれよ！」という意味で取られてしまうと、丁寧なお願いが、かえって仇《あだ》となってしまいます。

「させていただく」を使ってもいい場合とは

× 臨時休業させていただきます
⇓
○ **臨時休業いたします**

先ほど、「休ませていただきます」という言い方は、避けるべき日本語表現であると記しました。ただ、「させていただきます」という言い方は、ある条件のもとで使用される場合は、適切な日本語として扱われます。

文化庁の国語審議会は、「敬語の指針」という答申で「させていただく」という表現について、

1. 相手側または第三者の許可を受けて行う
2. そのことで自分自身が恩恵を受けるという事実や気持ちのある場合

という場合に使うのであれば、それは使用として適切だと記しています。

たとえば「スケジュールを変更させていただきます」「一週間以内にお返事がない場合、契約は破棄させていただきます」という言い方は、「相手の同意を得て、なおかつ、そのことで自分が恩恵を受ける」ので適切です。

ところが「臨時休業させていただきます」の場合は、「相手の許可」という点でも「自分が受ける恩恵」という点でも当てはまりません。したがって、これは「誤用」となるのです。

「させていただく」と言うときに、この二つの条件に当てはまるかどうかを、直感的に判断できるようになるためには、言葉遣いが上手な人と接する機会を増やすことがもっとも効果的です。

自分の説明がしっかり伝わったか確認するとき

× おわかりいただけましたでしょうか

⇓

○ **ご理解いただけたでしょうか**

上司、あるいは取引先の人に、自分が言いたいことをわかってもらえたか確かめたいとき、どのような尋ね方をしますか。

また、顧客に何かを説明して、本当に理解してもらえたのかどうかちょっと不安なとき、どんなふうに尋ねると相手に不快感を与えないでしょうか。

「おわかりいただけましたでしょうか?」「おわかりでしょうか?」「おわかりにな

りましたか?」と尋ねる人がいますが、こう言われると「わかっているんですか?」「わかったんですか?」というのを、婉曲的《えんきょくてき》に「おわかり」という丁寧な言葉にして言っているだけではないかと、不愉快に思う人も少なくありません。

これは、「わかる」が、目下や年下の人に対して使う言葉であることがひとつの原因です。「わかった?」と、お母さんやお父さんが子どもに対して使うことが多いのはご存じでしょう。

上司、取引先、顧客からすれば、馬鹿にされたような気になってしまうのです。

こんなときは「ご理解いただけたでしょうか?」と尋ねるのがもっとも効果的です。聞かれたほうは、「理解」という言葉によって、全体的な把握ができたかどうかをきちんと整理して客観的に判断しようと、自ら意識できるようになります。

目下や年下の人に対して使う言葉を使わないようにすることは、ビジネスシーンではとても重要な要素のひとつです。

この違いわかりますか？

太平洋の「太」と、大西洋の「大」

ヨーロッパ大陸とアメリカ大陸の間に広がる海を「大西洋」、日本からハワイ諸島、アメリカ大陸に向かって広がる海を「太平洋」と言います。

小学生のとき、先生から、同じ「たい」でも「大西洋」は「大」、「太平洋」は「太」と書くように。書き間違ったら「×」になるからね、と教えられたことはありませんか？

じつは、「太平洋」という海の名前は、航海半ばで亡くなったポルトガルの航海者・マゼランが率いていた艦隊が、一五二二年に史上初の世界一周をしたときに「Pacific」（平和で穏やかな）「Ocean」（大きな海）と名付けたことに由来します。「Pacific」を漢語に訳すと「太平」となります。つまり、「太平洋」とは、平和で穏やかな海という意味なのです。

また、大西洋のほうは「Atlantic Ocean」と呼びますが、これはギリシャ語が語源です。「Atlantic」は「アトラスの」という意味で、「アトラス」とはギリシャ神話に登場する巨人神のことです。つまり、「大西洋」とは、アトラスという巨人の神様が住んでいる海という意味です。

そして、十七世紀のイエズス会宣教師、マテオ・リッチが中国で作成した世界地図でヨーロッパ「大」陸の「西」にある「海」だからという理由で、「大西洋」という漢字表記にしたのだといわれています。

「にほん」と「にっぽん」

「日本橋」は、大阪では「ニッポンばし」、東京では「ニホンばし」と呼ばれます。

「日本銀行」の読み方は「ニッポン銀行」、じつは「日本航空」の正式名称も、

「ニッポンこうくう」なのです。

でも「日本大学」は「ニホン大学」、「日本国憲法」も「ニホン国憲法」です。

「ニッポン」と「ニホン」、どちらが正しいのでしょうか?

平成二十一(二〇〇九)年六月三十日付けで政府は、双方の呼び方について「どちらか一方に統一する必要はない」という答弁書を発表しています。

つまり、どちらで呼んでも構わないということなのです。

では、なぜ二通りの読み方があるのでしょうか。じつは奈良時代、日本人は、「ほ」という発音ができませんでした。「ポ」と発音していたのです。室町時代頃になって「ほ」は「フォ」という発音になり、江戸時代になってから「ほ」と発音するようになるのです。

東京(江戸)の「日本橋」は江戸時代になってから作られたものなので、「にほん橋」と呼ばれています。また古い発音が残っている大阪(大坂)では「にっぽん橋」のほうが言いやすい呼び方だったのです。

Column 1

知っているようで知らない日本語の話

蛙の子は蛙

「いやーさすが社長のご子息。蛙《かえる》の子は蛙ですね！」と部長が言います。

そう言われた社長はまんざらでもない顔をして、微笑んでいました。どうやら、社長も部長も、「蛙の子は蛙」という言葉を、褒め言葉として認識しているようですが、じつはこの言葉は、人を褒める言葉ではありません。

蛙の子はオタマジャクシです。オタマジャクシと蛙とでは見た目がまったく異なります。

子どものときには、ピアノが上手、絵が上手など、非常に才能に恵まれて見える人がいます。ですが、大人になると父親、母親に似て、ただの人、凡人になってしまう人もいます。

こんなときに「蛙の子は、やっぱり蛙だね」と使うのです。

同じような言葉に「瓜《うり》の蔓《つる》に茄子《なすび》はならぬ」というものがあります。瓜というどこにでもある植物の蔓に、食用の茄子はならない。つまり才能の有無に関係なく「血筋は争えない」ということを表します。

また「狐の子は頰白《つらじろ》」という言葉もあります。狐は首から口のところが白いのが特徴です。子狐も成長するにつれて親狐と同じように首から白くなってきます。やっぱり子どもは親に似てくるという意味で、「狐の子は頰白」というのです。

第2章

ビジネスで使うと恥をかく日本語

ビジネスシーンで間違って使われやすい「役不足」

× 役不足なので不安です

○ **力不足なので不安です**

平成十八（二〇〇六）年度に行なわれた文化庁国語課の「国語に関する世論調査」で、「役不足」をどういう意味で使っているかという質問がありました。

（ア）本人の力量に対して役目が重すぎること
（イ）本人の力量に対して役目が軽すぎること

みなさんは、どちらの意味で使っていますか。正解は、（イ）です。「役不足」とは、「能力に対して、役目が不相応に軽いこと」を意味します。

『文化庁月報』（平成二十四年二月号）には、次のような例文が掲載されています。

「部長、どうして私をプロジェクトチームに入れてくださらなかったのですか。」

「君を外したのは、役不足だったからだよ。」

このやりとりは、「役不足」を先の（ア）（イ）、いずれの意味で取るかによって、正反対の内容になってしまいます。

平成十八年度の調査では、（ア）の意味が正しいと考えている人が五〇・三％、（イ）が正しいと考えている人が四〇・三％という結果でしたが、令和になってからは（ア）を正解と考えている人が六〇％を越えるのではないかと言われています。

会話に出てくると一瞬、どっちが正しい使い方か分からなくなってしまいますが、「役不足なので不安です」という言葉は誤りなので、大きな仕事を頼まれたときは「力不足なので不安です」と言うようにしましょう。

× お求めやすい商品です

⇐

○ お求めになりやすい商品です

日本語も英語も同じですが、日常で使う言葉はどんどん簡単になっていきます。とくに現代のように早口の人が増えてくると、発音しやすくしようとして、言いにくい言葉を削ぎ落とそうとするのです。

じつは、「お求めやすい商品です」「お求めやすい価格です」というのも、この現象から生まれた表現のひとつで、文法的には誤りです。

「求める」という言葉は、ここでは「購入する」の意味で使われており、それに「お」をつけて丁寧な言葉にされています。「お求め」は名詞ですから、これを動詞にするなら「お求めになる」となります。

そして、「お求めになる」ことが、金額的に「容易《たやす》い」「簡単です」という意味なので、本来なら「お求めになりやすい商品です」と言わなければなりません。

ところが、「お求め――になり――やすい」の「になり」の部分は、早口で話すと、ナ行の二つの音が曖昧になり、「にな」の後の「り」が言いにくいので音が欠落してしまうのです。

さて、舌の動きを活発にすることは、アンチエイジングにもいいと言われています。間違った言い方をやめるためにも、ゆっくり話して、正しい日本語で人に言葉を伝え、さらにアンチエイジングにも活かしてもらえればと思うのです。

敬意の対象が何なのか、考えるクセをつける

× ご注文の品はお揃いになりましたか？

⇐

○ **ご注文の品は揃いましたでしょうか？**

「みなさん、お揃いになりましたか？」と、団体旅行の待ち合わせで、声を掛けられることがあります。「お揃いになる」は、「そろう」という動詞を丁寧語の「お」と「○○になる」で挟んで作られた言葉です。

この呼びかけは「みなさん」を強調し、尊敬して言ったもので、間違った表現ではありません。

これに対して、ファミリーレストランなどの飲食店でよく使われる「ご注文の品はお揃いになりましたか?」という言葉があります。

注文された料理が、全部配膳されたかを確認するために、従業員が客に尋ねる場面でよく耳にします。

じつはこの「ご注文の品はお揃いになりましたか」は、おかしな日本語になっています。

店側から提供することになる「お客様からのご注文を受けた品物」を強調し、尊敬して言った表現になってしまうため、誰が誰を敬って言っているのかが、よく分からなくなってしまうのです。

「お客様がご注文なさったお料理は、すべてテーブルに配膳されたでしょうか」という意味での言葉なので「ご注文の品は揃いましたでしょうか?」と言うのが正しいのです。

上司から、意見やアドバイスをもらいたいとき

× ご進言ください

⇐

○ ご指摘ください

大学で、学生が先生に「ご進言ください」と言っているのを耳にしました。変な言い方をするなあと思っていると、なんと会社でも上司に対して、同じく「ぜひ、ご進言ください」と言う人が増えているとのことでした。

「ご進言ください」と言う人たちは、「進言」を「アドバイス」の丁寧語だと思って使っていますが、これは間違いです。

「進言」は、中国の前漢時代の歴史を書いた『漢書《かんじょ》』（紀元八二年頃に成立）に由来する言葉で、「目上の人に対して意見を申し述べること」を言います。

類語には「具申《ぐしん》」「建言《けんげん》」などもありますが、こういう言葉は書面に使うべきで、会話で使う日本語ではありません。「進言」も同じです。

現代日本語で「ご進言」が使われるようになったのは、目上の人たちやお世話になった人たちにする贈り物を「御進物《ごしんもつ》」と言うからです。

つまり、もともと「御進物」という言葉はあっても、「御進言」という言葉はありません。

目上の人からアドバイスをもらいたいときには、「ご教授ください」「ご指導くださいい」または「私に間違いがございましたら、ご指摘ください」というのが適当です。

待ち合わせをしているか確認したいとき

✕ お約束はしていらっしゃいますか？

⇐

〇 **お約束はいただいておりますでしょうか？**

明治時代から第二次世界大戦前までの文豪たちの日記を見ていると、散歩の途中に知り合いの家に寄ったが、相手がいなかったので、玄関に一言添えた名刺を置いてきた、なんてことがよく書かれています。

また、青山、谷中、雑司が谷などの著名人の墓に行くと、入口のところに名刺受けの石柱が立っていたりします。相手が不在でも、「自分は訪ねてきたよ」とさりげない挨拶をしていたのです。

さて、取引先の会社の近くまで来たから、社長か部長に挨拶をしようと思って受付に行くと「お約束はしていらっしゃいますか？」と言われます。おそらく、たずねた人の役職が社長や部長だったら、ムッとするのではないでしょうか。「お約束はしていらっしゃいますか」という言葉には、なんとなく「約束がないと会えません」のようなニュアンスが感じられてしまうため、発言した人にその気がなくても、相手によっては「約束しないと会えないのか」と、むきになる人もいるかもしれません。

こんなときには、「お約束はございますか？」あるいは「お約束はいただいておりますでしょうか？」と言うようにしましょう。こう言えば、「いや、ちょっと近くまで来たから会いたいと思って」と、相手も返事をしやすくなる優しい表現になります。

「取りに来てください」と言われたら

× 取りに行きます

⇐

○ **受け取りに参ります**

「資料を渡しますから取りに来てください」と電話で言われました。それに対してみなさんはどう答えますか？

学生に聞くと、次のような答えが返ってきました。

1. 取りに行きます

2. 取りに伺います
3. 受け取りに参ります
4. 取りに行かせていただきます

尊敬、丁寧の程度は、1〜4の数字が大きくなるほど高くなります。

1の「取りに行きます」というのは、友だちなど親しい間柄での言葉としてはもっとも適切ですが、職場などでは適切な言葉とは言えません。

2の「伺う」は、「(相手のもとに)行く」「訪ねる」の謙譲語です。

3の「参る」も、「(貴人、上司などのもとに)行く」という意味の謙譲語です。

ただ、「伺う」と言うと、なんとなく「資料を取りに行く」ことに加えて、お話を伺ったりする別のことも合わせて行なうような雰囲気も持ち合わせています。

また、4の「取りに行かせていただきます」は、「資料を取りに行く」ことを喫緊の用事として表現するような言い方になります。

これらの言い方は、臨機応変に使いこなせるようにしておくと便利です。

目上の人に資料などを確認してほしいとき

✕ ご確認願います

〇 ご確認お願いします

「確認してほしい」という言葉を、ビジネスシーンで使われるような言い方にするとどうなるでしょうか。

「確認」に「御（ご）」を付ければいいことは、みなさんお分かりかと思います。それでは、「ご確認」にどういう動詞を付ければいいのでしょうか。

「してほしい」ということですから、「お願いする」という意味で「ご確認願います」という人が少なくありません。

しかし、これは敬語としては正しくありません。「願います」というのは、丁寧語が付いているだけで、謙譲語にはなっていないからです。

確認作業を要求する際には、「ご確認、お願いします」「ご確認をお願い申し上げます」という言い方を使いましょう。あるいは、「ご確認いただけましたら幸甚《こうじん》に存じます」「ご確認の程、よろしくお願い申し上げます」「ご確認くださいますようお願い申し上げます」「ご確認いただければと存じます」という言い方もいいかもしれません。

ビジネスシーンでよく使われる言葉なので、いくつかの言い方を知っておくとよいと思います。

「社内の人間よりも先方が上」というルールを心得る

× 社長は外出していらっしゃいます

⇓

○ **社長は外出しております**

社外からの電話で、「社長は外出していらっしゃいます」と答えてしまう人が、どんどん増えていると聞きました。

会社の中で、社長はもっとも偉い人、あるいは目上の人だからという理由で、社長や上司のすることをすべて尊敬語で表すという人がいます。

「社長は会議中です」を「社長は、ただいま会議に出席していらっしゃいます」と言ったり、「社長は外出している」を「社長は、ただいま外出していらっしゃる」などと言ったりしてしまいます。

もちろん、この言い方は、社内の人の間で使う場合は間違っていません。

ですが、これを社外の人に言うのは誤りです。


日本語には、身内のことを他人に言うときには、尊敬語を使わないというルールがあります。

戦後まもなくまでは、家庭内であっても、子どもは母親に「お父様は、今、外出していらっしゃるよ」と父親を敬った言い方をしていました。その頃までに書かれた小説などを見れば明らかです。

一方で、家族以外の人に対しては「父は外出しています」と言っていたのです。それは、身内のことを他人に伝えるときには尊敬語を使わない日本語のルールがあったからです。

ところが、この身内と他人に対する尊敬語のルールは、少しずつ忘れ去られようとしています。家庭内で尊敬語を使う機会がほとんどなくなってしまったからです。

こうして、尊敬するべき人には、身内、他人の区別なく、あらゆる場面で尊敬語を使うようなことになってしまったのです。

ただ、会社などでは上下関係がはっきりしています。何でも尊敬語を使えばいいという考えではなく、社内と社外を区別して使うほうがいいと思います。

「参る」は相手の動作に使わない

× A様が参られました

○ A様がお見えになりました

取引先の会社から、担当者が来たことを、部長に知らせなければならない。そういう状況で、こういう言い方をする人がいます。

「○○様が参られました」

これは、明らかに間違った日本語表現です。

「参る」は謙譲語で、自分が行くときに使う言葉です。

「ご挨拶に参りたいと存じます」「先方には私が参りまして、ご報告申し上げます」などという言い方で使われます。

「参る」を誤用するのは、「お墓に参る」「神社に詣る」の「まいる」が尊敬語、丁寧語だと勘違いしているからです。

「A様が参られました」は相手が主語なので、動詞には尊敬語の「いらっしゃる」を使うのが適切です。

「○○様が参られました」を、尊敬語、丁寧語だと誤解しないようにしましょう。

前述の状況では、「○○様がいらっしゃいました」「○○様がお見えになりました」というのがもっとも適切な言い方です。

✕ だめです、だめでした

⇐

○ **見送らせてください**

新しい企画、プロジェクトを社内の会議に通すのは、とても難しいことです。とくに外部から委託された企画を通すには、プレゼンの仕方などの工夫はもちろん、社内での根回しなども必要になってきます。

ところで、外部からの企画を受けて、どれだけがんばっても、その企画が通らなかった場合に、「だめです」あるいは「だめでした」と伝えるのは、ビジネスシーンにおいてはいい表現ではありません。

「だめ」の語源は、囲碁から来ています。囲碁は、白い碁石と黒い碁石を二人が交互に打ち、相手よりも多くの陣地（目）を作って競うゲームですが、そこに石を打っても陣地が増えない、意味のない地点のことを「駄目」と言っていたのです。

今日では「その仕事、自分にはだめだ」のように「不可能」という意味で使われがちですが、戦前までは「行っても効果がない」「やっても何の益にもならないこと」を表す言葉だったのです。

つまり、顧客に対して「だめ」というのは、本来の意味で受け取ると、あまりに相手を馬鹿にした言い方になってしまいます。

仕事を断る、あるいは企画が通らなかったことを伝えるときには、「この度の企画の案件は見送らせてください」と言って、「また機会がございましたら、何卒よろしくお願い申し上げます」と付け加えると、相手に好印象を与えられるのではないでしょうか。

上司への伝言を預かったとき

× 上司に申し上げておきます
⇐
○ **上司に申し伝えておきます**

母親から、「今日は帰りが遅くなる、ってお父さんに言っておいてくれない？」と頼まれたとします。

「わかった、言っておくね！」、あるいは「伝えておくね」と答えるのがふつうでしょう。

それでは、これが取引先の会社の部長から、「この件を、あなたの部長に伝えておいてほしい」と言われたらどう返事をしましょう。

「部長に申し上げておきます」は、社外の人と接するとき、社内の人には敬語を使わないというルールに違反してしまいます。「申し上げる」はこの場合、自分の上司に敬意を払って、自分がへりくだった言い方になってしまうからです。

このような場合は、部長と自分は、上司部下の関係であるのではなく、「同じ会社の人」と、同等の人と見なした言い方をします。

ただ、「言う」という言葉は、先方の部長に対して言う場合は丁寧語でなければなりません。なので、「上司に申し伝えておきます」という言い方になります。「申し伝える」の尊敬対象は、現在会話している人になるからです。

店員さんが誤用しがちな日本語

✕ こちらで結構でしょうか？

⇓

○ **こちらでよろしいでしょうか？**

子どもと洋服を選んだりするときに、私たちは「これでいい？　これがいい？」などという聞き方をします。

一方で、明治時代初期の小説を読んでいると、女性は「これでよろしいかしら」、男性は「これでよかろうか」などという言い方をしているのが分かります。一〇〇年ちょっとで、言葉はこんなに変わってしまうものなのです。

さて、最近、店員さんが「こちらで結構でしょうか」と客に尋ねることが多くなったと耳にしました。

これは、日本語としては、失礼な言い方にあたります。

「結構」というのは、「申し分のないもの」「素晴らしいもの」という意味です。そうであれば「こちらで結構でしょうか」は、「この品物は、あなたにとって申し分がない素晴らしいものか？」と聞いていることになるのです。

こんなときには「こちらでよろしいでしょうか？」と言うのが適切な丁寧な言い方です。

客がたくさんの商品の中から選んだものについては、「こちらで間違いございませんか？」と尋ねるようにしましょう。

「伺う」の敬意の対象に気を付ける

× 担当部署で伺ってください

⇐

○ **担当部署でお尋ねください**

「わからないことがあるから、ちょっと課長に聞いて来るね」と、仲の良い同僚との間では、このような会話が聞かれます。みなさんは上司に質問をするとき、まずどのような言葉をかけますか？

「課長、少々、不明な点があるので、伺ってもよろしいでしょうか」と言う人が多いのではないでしょうか。「聞いてもいいでしょうか」では、課長に対して失礼な言い方になります。

「伺う」という言葉は、「聞く」「尋ねる」の謙譲語です。つまり、自分からへりくだって、相手を立てるときに使います。

さて、このことから、顧客や取引先の人からある質問を受けたとき、「その件については、担当部署で伺ってください」と返答するのは、身内の担当部署を敬った言い方になってしまうので、日本語としては間違っていることがお分かりかと思います。

まるで「へりくだれ！」と命令されているような印象を相手に与えてしまうかもしれません。

こんなときは、「担当部署におつなぎしますから、そこでお尋ねください」あるいは「担当を呼びますので、直接お尋ねください」「ご質問ください」と言えば、丁寧で親切な言い回しになります。

上司や先輩の意見を聞き出したいとき

× どうしますか？

⇐

○ どういたしますか？

昔のマンガで、社員が「どうします？」を丁寧語で「どうしますでございますか？」と言って、社長に「敬語の使い方がなっていない」と叱られるシーンが描かれていました。

友だち同士であれば「どうする？」で済みますが、いざ、丁寧語で言おうとすると、咄嗟《とっさ》に正しい言葉が出てこないという人も少なくないのではないでしょうか。

「する」の丁寧語は「します」、謙譲語は「いたす」、尊敬語は「なさる、される」です。

つまり、「どうしますか?」は、丁寧語の表現にあたるので、親しい上司で二人きりの場合など、他にたくさんの上司や部下がいないときには使ってかまいません。ただ、たくさんの人がいる場合、上司に、どうするか、という意向を聞きたいときには、「どうなさいますか?」あるいは「いかがなさいますか?」と聞くと、尊敬の意が周囲にも伝わり、上司を立てることにもつながります。

さらに、「この状況で、自分がどういう行動をすればいいのか」を上司に尋ねたい場合には、「どういたしますか?」「どういたしましょうか?」と言うといいと思います。繰り返しにはなりますが、これも、自分をへりくだって言う、謙譲の表現です。

「してくれますか」は下品な日本語

× 部長に伝えてくれますか？

⇓

○ **部長に伝えてもらえますか？**

「伝えてくれ」「渡してくれ」「電話してくれ」など、何かをしてほしいのは分かりますが、「してくれ」という言い方はとても下品な言い方です。

それに比べて、「伝えてもらえる？」「渡してもらえる？」「電話してもらえる？」という言い方は、優しい感じになります。

ただ、これだと少し女性的な言葉となるため、もしかすると男性だと会社内では使いづらいかもしれませんし、相手との関係も非常に親密な印象を受けてしまいます。

こんなときには、

「伝えてもらえますか」「伝えていただけますか」「お伝えいただけますか」

「渡してもらえますか」「渡していただけますか」「お渡し願えますか」

「お電話してもらえますか」「お電話いただけますか」「お電話お願いできますか」

という言い方をするのが丁寧ですし、相手にも感じよく受け取ってもらえます。

日本語は、丁寧、謙譲、尊敬を使い分けることによって、相手との親密度、距離感も表現することが可能です。

相手との関係によって三種類程度の言い方が自然と言えるようにしておくと便利です。

相手が席を外していないか確認したいとき

✕ Aさんおりますか？

○ Aさんはいらっしゃいますか？

時代劇などを観ていると「○右衛門はおるか？」「殿はおられますか？」など、相手の居場所を尋ねるとき、こんな言い方をしていることに気がつきます。「おる」も「いる」も、漢字では「居る」と書きます。また旧仮名遣いでは、「為」の草書体を書いた「ゐ」を使って「ゐる」と書いていました。

さて、「おる」とは「ゐる」と「ある」が結合してできたものです。「ゐる」は「ある場所に座ること」、「ある」は継続的に「そこに存在すること」を表しますが、この二つが一緒になって「その場所にある程度の期間滞在している」ということを表すようになったのです。

ただ、「おる」は幕末～明治時代になってから、「お、そこにおったか」「知っておる」「そこにおれ」など話者の尊大な気持ちを表すような言い方として使われるようになってしまいます。

こういうことから「○○さん、おりますか？」と尋ねるのは、尊大な話し振りだという印象を与えたり、ちょっと古くさい表現だなあと思われたりする可能性があるのです。

「おる」という言い方はやめて「いる」の尊敬語である「いらっしゃる」という言葉を使うようにしましょう。

レジの店員さんがついつい使ってしまう

× よろしかったでしょうか

⇐

○ **よろしいでしょうか？**

デパートでネクタイ、ハンカチ、ブレザーを買いました。それぞれ、たくさんの種類の中から選んで、会計をしようとしたときです。

「こちらでよろしかったでしょうか？」とレジの店員さんに言われました。

こう言われると、自分が選んだものが本当にこれでよかったのかどうか、なんだか心配になってしまいます。

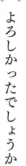

これに対して「よろしいでしょうか?」と言われると、もう一度、きちんと確かめて、「はい!」と言いたくなります。

この二つの言葉の違いは「よろしかった」と「よろしい」です。過去形で話されると、日本語は、なぜか後悔を促すような言い方になるものなのです。

それは、過去形で許可や同意を求めた結果、聞かれたほうは、何か問題や不都合があったのではないか、という懸念が生じるからでしょう。

たとえば、デートで外食するとき「おいしかった?」と聞かれると、このレストランでよかったのか、他にも選択があったのではないかと思ってしまいます。

相手を不安にさせないためには、「よろしいでしょうか?」「おいしいでしょうか?」など、現在形での会話をするように気を付けましょう。

休みは「いただく」ものではなく「もらう」もの

✕ A部長はお休みをいただいております

◯ Aは休みを取っております

取引先など、社外からの上司への問い合わせに対して、「○○さんは、今日は、お休みをいただいております」と答える人がいます。

韓国語では、目上の人に対してはどのような場合でも、尊敬語を使うという決まりがあるので、「部長は、お休みをいただいております」というのが正しい言い方ですが、日本語の場合は間違いです。

すでに申し上げましたが、自分と同じ組織に属している者に対しては、敬語を使わないというルールがあります。

まず「お休み」の「お」は丁寧語ですから外しましょう。「いただいております」も「もらう」の謙譲語ですので外してください。自分の会社に届け出て休むのですから「いただく」という言い方は、相手に対して失礼にあたります。

電話などで、このような問い合わせが来たときには、「本日は不在にしています」とか「今日は休みを取っております」と言ってください。

この違いわかりますか？

魚貝類と魚介類

レストランに行くと、スパゲッティ、あるいはパスタの具を、何にしようかと悩むことが多々あります。

レストランのメニュー表に、「魚貝類のクリームソース」と「魚介類のトマトソース」が並んで書いてあったとします。もちろん、トマトソースとクリームソースはどちらがいいかな、と好みで簡単に選ぶことができますが、「魚貝」と「魚介」ではなんとなく違うような感じがします。

この違い、みなさんはわかりますか？

この場合だと、私は魚貝類のクリームソースを好んで選ぶと思います。

なぜなら、「魚貝」は「魚の白身と、アサリやハマグリなどの貝」が使われていると思うからです。それに対して「魚介」は「魚の白身と、タコやイカや海老、カニ」が使われていると推測できます。

「貝」が、そのまま二枚貝や巻き貝などの貝を表すのに対して、「介」はエビやカニなど甲羅がある生物を言います。そして、「魚介」とは水産動物の総称を表す言葉なのです。

同じ発音の言葉ですが、「魚貝」と「魚介」の違いを知っておくと、パスタの具に違いがあることもよく分かります。

一生懸命

自分の命を懸けて、守りたいものがありますか？　家族や愛する人の命なら、自分の命を懸けてでも守ってやる、という方もいらっしゃるでしょう。

一生懸命は「自分の一生に命を懸ける」ことを意味します。「一生に命を懸ける」という言葉は、ちょっと違和感がある気もしますが、たとえば、会社でのプレゼンテーションに対して「一生懸命、がんばろう!」と言う人がいます。昇進がかかっているなどで、本当にプレゼンテーションに命を懸けている人もいるかもしれませんが、仕事の一環としてやっているものが、命を懸けるほどのものかはわかりません。

さて、「一生懸命」は、鎌倉時代に流行った言葉で、当時は「一所懸命」と書きました。自分の守るべき「領地」「場所」を、まさに刀や槍一本で、命を懸けて守ってきたからです。

命を懸けて守らなければならない「所」があったのです。

「一所」と「一生」の発音が似ているからということで、いつのまにか「一生懸命」となったのです。

つまり、「命を懸けて、自分の一生を守る」というのは、本来の言葉の意味とは異なるため、やっぱりそれってどういうこと、と首をかしげたくなるのです。

Column 2

知っているようで知らない日本語の話

「いただきます」と「ごちそうさま」

食事の前に、手を合わせて「いただきます」、また食事の後に、手を合わせて「ごちそうさまでした」と言える人の姿を見ると、美しいなあと思います。

「いただきます」「ごちそうさま」は、お料理を作ってくれた人など、特定の人に対して言う言葉ではありません。

一粒のお米が、自分の口に届くためには、苗を作る人から田んぼの管理をする農家の人たちはもちろん流通まで、幾千、幾万の手を経ています。それに天候など、人智では計り知れない影響もあります。

こうしたことすべてに感謝をするための言葉が「いただきます」と「ごちそうさま」という言葉なのです。

「いただきます」の語源には諸説ありますが、神様にお供えしたものを食べるとき、お供えものを頭上に掲げたことから、「もらう」の謙譲語である「いただく」が使われるようになったといわれています。

世界には、飢餓《きが》に苦しんでいる人たちも少なくありません。輸入依存率が高いわが国も、いつまた飢饉《ききん》を迎えるか分からないのです。せめて、一食いただくときには、「いただきます」「ごちそうさま」という感謝の言葉を、清々《すがすが》しく心を込めて言うようにするといいと思います。

第3章

うっかり使うと恥をかく敬語

尊敬語は、原則「人」が対象

× 花に水をあげる

⇓

○ **花に水をやる**

江戸時代、第五代将軍・綱吉は「生類憐《しょうるいあわれ》みの令」という多数のお触れを出したことでよく知られています。

捨て子、病人、高齢者はもちろんなのですが、犬、猫、鳥、魚、貝や虫まで保護して、大事にしなさいというのです。

当時を題材にした時代劇には、よく「お犬様」という言葉が出てきます。「犬」

に尊敬丁寧を表す「お」や「様」を付けるなんて、馬鹿げたことだと当時の人は思っていたようです。

そういう点から言えば「花に水をあげる」「犬に餌をあげる」という言い方は間違いです。

「あげる」は、「与える」「やる」の謙譲語で、本来は目上の人に使う敬語だからです。花や犬に自分がへりくだるというのは何だかおかしいことですね。

自然界に、「対等」に存在する人、花、犬、猫という観点からすれば「上下」の関係はありません。そうであれば、「花に水をやる」「犬に餌をやる」でいいのではないでしょうか。

しかし、目上の人に「おみやげをあげる」と言うのは間違った言い方です。こんなときには「おみやげを差し上げる」と言わなければなりません。

✕ 僭越ですが

⇐

○ **僭越ではございますが**

「僭越《せんえつ》ではございますが」は、ビジネスシーン、あるいはさまざまな挨拶のシーンで使われる言葉なので、使えるようにしておくと便利ですし、大人としての格調の高さを演出することができます。

さて、「僭越」は、漢文訓読式に読むと「僭《おか》し、越えて」となります。また「僭」

は、「身分を越えて、上の人の真似をする」「身分不相応に驕《おご》り高ぶる」という意味の漢字です。それに「越」という漢字がつく「僭越」とは、「自分の身分を考えずに、身分以上の真似や振る舞いをすること」という意味になるのです。

部長の言葉に間違いがあることに気がついて、「誠に僭越ではございますが」と前置きをして、自分の言葉を差し挟む。あるいは、結婚式などで挨拶をするときには、きっと会場には偉い方もいらっしゃるでしょうから「僭越ながら、ご挨拶をさせていただきます」などと使います。

そこで、少し注意が必要です。

「僭越」は自分からへりくだって使う言葉なので、「僭越ですが」と略した言い回しではなく、「僭越ではございますが」と言うようにしましょう。あるいは、「僭越ながら」という使い方をすることもできます。

会食で目上の人のメニューを確認するとき

× どちらにいたしますか？

⇐

○ **どちらになさいますか？**

たとえば、会社の上司と食事に行ってメニュー表を渡しながら、「どれを選びますか？」と上司に聞く場合、なんと言うのがいいのでしょうか？

友だち同士であれば「どれにする？」と言うところでしょうが、上司に対しては、そのように言うわけにはいきません。

こんなときに「どちらにいたしますか？」という人がいます。しかし、この言い方は誤りです。

「いたす」は、「する」の謙譲語です。つまり、自分がへりくだって言うときに使う言葉です。なので、「私はこちらにいたします」「こちらを選ぶことにいたします」など、自分の行為に対して使うのが適切です。

そのため、上司に「どれにする?」という意味で、質問をしたいときには、「どちらになさいますか?」と聞くのがいいでしょう。「なさる」は、「する」の尊敬語です。

さらに、「どれをお選びになりますか?」というのがもっとも丁寧な言い方でしょう。

接客のマニュアルが間違っていることもある

× レシートのお返しです

○ **レシートをお渡しします**

学生がコンビニでアルバイトを始めたと言って、私のところにやってきました。お客様対応マニュアルを教わったのですが、内容に違和感があるため質問させてくださいと言うのです。

代金を受け取って、レシートを渡すときに、マニュアルには「レシートをお返しします」と言うようにと書いてあるのですが、レシートはこちらが発行するもので、お客様から預かったものではないから、「返す」という表現はおかしくないでしょうか、とその学生は言いました。

学生の言う通りです。

「レシート」は「渡すもの」であって「返す」ものではありません。マニュアルが間違っているのです。

こんなときは、「レシートをお渡しします」と言うのが正しい言い方です。


ただ、お釣りの場合は、お客様から預かったお金から余分なものを「返す」ものです。なので、この場合は「お釣りをお返しいたします」というのが正しい言い方になります。

マニュアル通りにやればいいという考えで行動するのは楽ですが、違和感があるときには、上司などと話し合って、正しい日本語を身に付けようと心がけることが大切です。

上司から預かった伝言を同僚に伝えるとき

× 部長がおっしゃられました

○ **部長がおっしゃいました**

「お父さん、今日は夕食作らないってお母さんが言っていたよ」「お兄ちゃん、今日は競馬でたくさん勝ったってお父さんが言っていたよ」など、家族の間であれば「言う」という言葉は日常的に使われます。

それでは「言っている」相手を、部長や社長など、会社の目上の人にしてみたら、どうでしょうか？

「言う」の尊敬語は「おっしゃる」です。時々、「おっしゃられる」のように「られ」を入れる人がいますが、これは間違いです。「おっしゃられる」の「られ」は、尊敬の「られ」です。これを、「おっしゃる」という尊敬語にも付けていることになるため、日本語では「二重敬語」になってしまい、間違いになるのです。

後の項でも詳しく解説しますが、手紙の宛名に「○○部長様」「○○社長殿」と書くのも、じつはおかしいことです。これも「二重敬語」となってしまうので、「○○部長」「○○社長」と書くのが適切です。

ただ、「○○社長△△殿」や「○○部長△△様」のような書き方はあります。これは、社長である△△殿、部長である△△様のように、個人を特定することが必要なときに使われます。

「られ」や「様」「殿」など、余計なものは付けないと覚えておくと便利です。

先方が出先から戻ってくる時間を聞きたいとき

✕ 何時にお戻りになられますか？

⇐

〇 **何時にお戻りになりますか？**

先日、たまたまテレビドラマを観ていたときに、ヒロインが「社長が出張からお戻りになられるのは、何日でしょうか？」と言っているのを耳にしました。

これは、日本語としては間違いです。

正しくは、「社長が出張からお戻りになるのは、何日でしょうか？」と言わなければなりません。

「お戻りになられる」ではなく「お戻りになる」なのです。

理由は、「二重敬語」は日本語のタブーだからです。

「戻る」の尊敬語は、「戻られる」「お戻りになる」であって「お戻りになられる」ではありません。


これは「お越しになる」も同じです。

「長崎へお越しになられたことはありますか？」は「二重敬語」で誤りです。「長崎へお越しになったことはありますか？」と言うのが正解です。

よく耳にする誤用を、もうひとつ付け加えておきましょう。

「十分お休みになられましたか？」は誤りで、「十分にお休みになりましたか？」が正解です。

こういう言葉は、何度も正しい言葉を繰り返し言っているうちに簡単に身に付きます。「お○○」という言葉と「なられる」という言い回しを併用しないよう、日頃から意識しておきましょう。

「貸してほしい」を正しく敬語で使えていますか

✕ 貸してください

⇓

〇 **拝借してよろしいでしょうか?**

文化庁が行なった第二十一期国語審議会の「新しい時代に応じた国語施策について（審議経過報告）」に、何かを借りるときに使う「貸してください」という言葉が、世間ではどのように表現されているかが載っています。

いくつかの言い回しが、丁寧さや改まりの程度が高い順に並べられています。

それによれば、「非常に丁寧」で「非常に改まっている」ものは、「拝借させていただけません（でしょう）か？」という言い方です。

そして、もっとも「ぞんざい」で「くだけているもの」は、「貸してくれ（よ、よね）」です。

これら文例のうち謙譲語または尊敬語＋丁寧語で表現されているものは、一二文挙げられています。先にすでに一位を挙げていますので、二位以降を挙げておきましょう。

○拝借させていただきたいんですけ（れ）ど
○拝借してよろしいでしょうか
○拝借させてください（ませんか）
○拝借したいんですけど
○お借りしてもよろしい（いい）でしょうか
○お借りしたいのですが
○貸していただけませんか

○貸していただきたいんですけど
○貸していただけますか
○貸してくださいませんか
○お借りできますか

これを見ると、「拝借」という言葉を使うこと、そして、相手のものを使わせてもらうという意味で「させていただけませんか」「させていただきたいんですが」などと、丁寧に謙譲の言葉を使うことがいいとわかるでしょう。

しかし、ここで用心するべきは「二重敬語」です。「拝借」と「させていただく」を併用すると二重敬語になってしまい、慇懃無礼な印象を人に与えてしまいます。

こんなときは、「拝借してよろしいでしょうか」という言葉遣いがもっとも適切です。

上司から食事に誘ってもらったとき

× ご一緒します

⇐

○ お供させていただきます

上司から、ランチに誘われたとき、みなさんはどう答えますか？　もちろん、一緒に行かないというのであれば「今日は、先約がございますので、また機会を改めてお願い申し上げます」と断ることもあるでしょう。

でも、せっかく誘っていただいたので一緒に行くという場合はどうでしょうか？

「ご一緒します」と言う人がいます。これは、非常に親しい関係の上司の場合では正しい使い方です。「ちょっと二、三分待っててください」と言えるくらいの親しい関係です。

これに対して、自分の仕事をすぐに止めて、席を立ち上がって上司の後を追わなければならないほどの緊張感がある関係であれば、「お供させていただきます」「ご一緒いたします」「ご一緒させてください」と言うのが丁寧な言い方です。

「いたします」「させてください」と「します」の違いは、自分を中心に考えるか、相手に合わせるかということです。その場に応じて使い分けるといいと思いますが、自分がエスコートする場合には「ご一緒いたします」というのが適当です。

ところで、ここでは言い方や言い回しを解説していますが、ランチに誘われたときには、明るくうれしいという気持ちを声のトーンなどで表すと、誘った相手も喜ぶに違いありません。

相手の趣味を聞くときは気を付けたい

✕ 茶道をおやりになりますか?

⇐

○ **茶道をなさいますか?**

相手に、趣味や嗜《たしな》み、稽古事を聞くのは難しいことです。聞き方ひとつで、教養があるかないかを相手に曝《さら》してしまうことになるからです。

とくに茶道、華道、書道、弓道など、「道」の字がつく、いわゆる日本の伝統文化を稽古事にしている人は、日本語の言葉遣いも、お稽古の中で学んでいます。そのため、伝統文化を嗜む人たちと話をするときは、背筋が伸びるような思いになるのではないでしょうか。

さて、こうした人たちに「茶道をおやりになりますか?」「お習字をおやりになりますか?」と聞くと、「おや?」と思われるかもしれませんので、正しい尋ね方を覚えておきましょう。「おやりになる」は、間違った日本語なのです。

「茶道(華道、書道)をなさいますか?」あるいは「茶道を嗜まれますか?」と尋ねるようにしましょう。

「嗜む」という言葉は、「趣味として楽しむ」という意味です。単に、「楽しむ」「趣味にする」というより、奥深くまで心得ているようなニュアンスがあります。

もちろん、「競馬を嗜む」「読書を嗜む」「音楽を嗜む」などとも使えます。「趣味はなんですか?」と尋ねるのではなく「何か嗜んでいらっしゃいますか?」という言い方で尋ねてみてはいかがでしょう。

相手の趣味を尊重することにもつながり、さらっと言えると上品なイメージを与えることができます。

意外と知らない「感心した」のもう一つの意味

× 感心しました

⇓

○ **感服いたしました・勉強になりました**

優れた絵画、音楽などを鑑賞した際、「心を動かされた」とか「感動した」と言うことがあると思います。

もし、「感動した」を「感心した」で言い換えたとしましょう。「感心」には褒める意味ももちろんありますが、「ある意味感心してしまう」などのように、「驚き、あきれる」という意味もあります。そのため、「感動」を「感心」と言い換えてしまうことは、「その人らしからぬ驚くようなところがあったが、ワクワクするようなものではなかった」という意味で、相手に間違った意味で伝わってしまうかもしれません。

たとえば「部長の英語力に感心した」などと言うと、部長が英語をあんなに話せるなんて驚いたし、びっくりしたよ！」と、ちょっと馬鹿にした感じになってしまいます。

このような場合には「感服しました」と言ったほうが適当です。「服」は「屈服」という熟語で使ったりしますが、「感服」は、「恐れ入りました」「私の認識不足でした」という意味です。

そして、「勉強になりました。今後ともどうぞご指導、よろしくお願い申し上げます！」と添えて伝えるのが、適切な言い方です。

仕事終わり、上司への挨拶は

× ご苦労様です

○ お疲れ様です

「ご苦労様です」「ご苦労でございます」という言葉の歴史について触れたいと思います。

江戸時代まで、「ご苦労様でございます」は、藩主に対して臣下が使う言葉でした。つまり、下の立場の者が目上の人に、「ご苦労をお察し申し上げます」という意味で使われていたのです。

ところが大正時代、今から一〇〇年ほど前になると、会社などで上司が部下に対して、「ご苦労様」と使うようになるのです。

以来、現代でも、上司や上長など立場の高い人が、部下や立場が下の人に対して、労《ねぎら》いや親切、同情の気持ちを込めて話すのに、「ご苦労様」はよく使われています。「苦労」には「労」という漢字が入っています。「労」は「相手の努力や骨折りに感謝し、労《いたわ》るという意味です。

なので、「ご苦労様」という言葉は使わないようにして、「お疲れ様です」と言いましょう。

ちなみに、社外の人に対しては、「お疲れ様です」ではなく、「お世話になっております」あるいは「本日はありがとうございました」を使うようにしましょう。

商談や面接で、相手に席を勧めるとき

✕ お座りください

〇 おかけください

「お座り」という言葉から、何を連想しますか？

もちろん、犬のしつけですね。

したがって、会社を訪ねてきた人に対して「お座りください」と言うのは、なんだか、犬に対して「お座り！」と命令しているのと同じような印象を相手に与えてしまいます。

日本語には、「座る」の意味の「腰をかける」という麗《うるわ》しい言葉があります。

人に席を勧めるときは、「こちらにおかけください」と言うのが適切です。

そのときに、「大変お待たせしております。ただいま、担当者を呼んでおりますので」など、相手がくつろいだ気持ちになれるように、一言添えてみてはいかがでしょうか。


ちなみに、「腰をかける」に似た言い方で、「腰を入れる」「腰を据える」という言葉があります。これはどちらも、あることに本腰を入れて取り組むという、強い意志を表す言葉です。

ビジネスシーンでは、仕事に真剣に取り組む際によく使われる言葉ですので、よく覚えておきましょう。

この違いわかりますか？

貯金と預金

退職後三〇年ほどの年金生活には、少なくとも二〇〇〇万円の老後資金が必要だと令和元（二〇一九）年に金融庁が試算の結果を出したことが話題になりました。

年収が上がらないにもかかわらず、税金は年々高くなり、物価が上昇していく生活の中で、どうすればこれだけの資金を作れるのかと、不安に思う人も少なくありません。

さて、その二〇〇〇万円ですが、貯金で作るべきものなのでしょうか。それとも預金で作っていくべきものなのでしょうか。

貯金と預金はいずれも、お金を貯めることを指す言葉であり、基本的には金融機関にお金を預けることを指します。

じつは、貯金と預金の違いは、「預ける金融機関の種類」なのです。

銀行や信用金庫などにお金を預けるときには「預金」と呼び、ゆうちょ銀行やＪＡ（農協）バンクにお金を預けるときには「貯金」と呼ぶのです。

通帳の呼び方も前者は「預金通帳」であり、後者は「貯金通帳」となります。

発売中と販売中

「かつてなかったおもしろいゲームがいよいよ発売になります！」という広告の見出しが気になっていました。評判がよかったので半年以上経って「まだ、販売中ですか？」と量販店に問い合わせをしてみると、「はい、発売中です」という答えが返ってきました。

この「発売中」「販売中」の違いは何でしょうか？

「発」は「出発」「発射」「発行」などでも使われる漢字で、あることが行なわれた「瞬間」、あるいは、行なわれはじめて間もない時間のことを指します。

つまり、「ゲームの発売から三か月」という言葉はありますが、すでに半年も経っていれば「発売中」ではなく、「販売中」とするのが正しい言葉と言えるでしょう。

ただ、宣伝をする側からすると「発売中」のほうが、商品に対して新鮮味のある印象を顧客に与えることができます。「販売中」と書くと、「他の商品とほとんど変わりなく、適度に売れているからそのゲームも置いています」という印象を与えてしまうのです。

「発売中」「販売中」は、受け手側の時間の感覚にもよりますが、売り手側の言葉の綾《あや》として使われるものでもあるのです。

Column 3

知っているようで知らない日本語の話

十二支占い

「私は、いのしし年だから、猪突猛進型なのよね」「君は、へび年生まれだろう。やっぱり蛇のようにしつこいなぁ」

生まれた年の十二支が動物の種類で覚えられているためか、その人の性格を干支《えと》の動物と結びつけて占われる話を聞くことが少なくありません。

じつは、この「十二支占い」について面白い解説があります。

そもそも「子丑寅卯辰巳午未申酉戌亥」という十二支は、動物を表すものではなく、植物の生長を示すものだというのです。

「子」は、「一」が地面を表し、下に根が生え、上に細い茎が出たところを描いたものです。次の「丑」は双葉がでた状態、「寅」は横に葉っぱがどんどん広がっていくところです。最後の「亥」は植物の「たね（核）」を表します。

しかし、この植物の生長が覚えにくいことから、すでに中国の戦国時代（紀元前三〇〇年頃）には、動物の種類に置き換えられたのでした。

ちなみに中国では、この干支の動物を人の性格に合わせる占いは行なわれません。

第4章

メールや文章の間違いがちなマナー

メールや手紙で誤用しがちな「役職＋様」

× 各位様・各位殿・部長様

○ 各位・部長

メールや案内、報告などの文書の宛名を、どう書いていいのか、迷うことがあります。

「○○社　営業部　各位様」「○○市役所　教育課　各位殿」「○○会社　山田一郎部長　殿」などと書かれた文書を見ることがあります。

これは、正式な書き方からすれば誤りです。

「各位」とは、すでに「それぞれのみなさま」という意味の丁寧語ですから「様」や「殿」を入れると「みなさま様」「みなさま殿」となり、おかしな日本語になってしまいます。

また「○○会社総務部　山田一郎部長　殿」の書き方も「部長」は役職なので、その下に「殿」を書くと「部長さま」となって喋り言葉のようになってしまいますし、このような役職にはすでに敬称の意味が含まれているため、二重敬語になってしまいます。

こういう場合は、「○○会社　総務部部長　山田一郎様（殿）」のように、役職名を書いてから、相手の名前を入れて「殿」か「様」を付けるようにするといいと思います。

これは、「知事」「区長」「市長」などと書く場合も同じです。「○○県知事　山田一郎様」「○○市長　山田一郎殿」など、役職名を先に書いて、相手の名前を入れ「様（殿）」で結ぶようにしましょう。

「貴社」と「御社」の使い分け、できていますか

× （会話での）貴社
⇐
○ （会話では）御社

学生からの一番多い質問が、「貴社」と「御社」の使い分けについてです。就職活動で、会社にエントリーシートを出したいのですが、「貴社」と書くべきか「御社」と書くべきか悩むというのです。

これは、正式に決まっていることですので、是非、覚えておいてください。

書き言葉で使うときは「貴社」、話し言葉で使うときは「御社」です。

理由を説明しましょう。

「貴社」とは、尊敬すべき、貴方《あなた》が仕事をしていらっしゃる会社という意味ですが、会話の中で「貴社」と言われると「記者」や「帰社」などと混同する可能性があるからです。

たとえば、「きしゃのきしゃがきしゃできしゃした」と言われたとき、みなさんはすぐにこの文を理解できますでしょうか。正解は、「貴社の記者が汽車で帰社した」ですが、やはり同音異義語が会話の中で出てくると、簡単には理解しにくいものです。

ちなみに、銀行には「貴社」「御社」は使いません。「貴行」「御行」です。市役所、区役所、県庁などには「貴庁」「御庁」、病院には「貴院」「御院」を使います。

誰が「知っている」のか、を意識しよう

✕ 私もご存じです

⇐

○ **私も存じ上げております**

「存ずる」という言葉は、今日の日常会話ではほとんど使われませんが、『徒然草』（一三三一年頃）には、「こっそり、自分だけでこんなふうに思う」という意味で「ひそかにこれを存ず」などと書かれているように、昔は頻出の日本語でした。

このように「存ずる」は、もともと「思う」「考える」という意味の言葉であり、同時に「知る」「承知する」「心得る」という意味でも使われていました。そして、

「存ずる」からできた名詞の「存じ」に尊敬の意味の接頭語「ご（御）」がついて、「ご存じ」という言葉ができたのです。

ですから、「私もご存じです」というように、自分を尊敬の対象にするような言い方はありません。

「私もその人のことをよく知っている」と伝えたい場合には、「私も存じ上げております」と言います。

ただ、「存じ上げる」というのは「人」に対してのみ使われるものなので、物や事柄については「存じております」と言いましょう。

なお、「ご存じ」を「御存知」と書いたり、「存知上げる」と書かれていることがありますが、これは誤りです。

右に挙げたように「存ずる」という言葉の活用形にすぎないため、「じ」に「知」という漢字を使うのは単なる当て字で、正式なものではありません。

敬意を込めて、会社名は略式にしない

× （株）A産業

⇐

○ 株式会社　A産業

封筒に手紙の宛先を書くときやメールの冒頭に相手の名前を入れるときなど、ビジネスパーソンであれば、相手の会社の名前を書く機会はたくさんあります。

こんなとき、相手の会社名が「(株) ○○産業」、「(有) ○○社」などと書いてあるからという理由で、差出人である自分も同じように「(株) ○○産業」、「(有) ○○社」と書いてしまう人がいますが、これは誤りです。

必ず、丁寧に「株式会社　○○産業」、「有限会社　○○社」と書きましょう。（株）や（有）は、略式であって、正式な表記ではありません。

取引をさせていただいている相手の会社だと思えば、敬意を込める意味からも、略式ではなく、正しい表記で書いたほうがいいのは当然でしょう。

ついでですが、封書の宛名には「株式会社　○○産業　御中」のように、「御中」という言葉を添えましょう。個人でない官庁、会社、団体などへの手紙で、宛名の下に書き添える脇付《わきづけ》の語で、「おんちゅう」「おんなか」と読みます。

これは、明治期以前、脇付に用いられていた「人人《ひとびと》御中《おんなか》」の「人人」の省略形「御中」を音読みしたもので、明治後期から大正期にかけて、音読みした形で定着したと考えられています。

ちなみに脇付とは、手紙の宛先に添えて、敬意を表すものです。「侍史《じし》」や「机《き》下《か》」などで、強い謙譲の意を表現することもできます。

先方がいるビジネスシーンでは、略語は使わない

× アポ

⇓

○ アポイントメント

友だちと約束をするときに「アポとっていい?」と、親しい関係の間で言うのは、心を許している感じがしていいものです。

さて、「アポイントメント」は、英語で「(会合・訪問などの)約束、取り決め、予約」などを表す英語です。

「a visit by appointment」(前もって約束した上での訪問)や「set up an appointment」

（約束を取り決める）のように使います。

社内の公用語として英語を使う会社も増えてきたこともあって、「アポイントメント」は、日本のドラマや映画、コマーシャルなどでも非常によく使われ、そして略語の「アポ」が、若者の間で広く使われるようになったのです。

しかし、この言葉は、ビジネスにおける正式な場所では「アポ」では通じません。何でもかんでも略さずに、きちんと「アポイントメント」と言うようにしましょう。

和製英語は日本人同士で使っているぶんには便利な言葉ですが、私にはピジン言語（二か国語が混合されてできた通用語）のような気がしてなりません。

「ＯＬ」や「サラリーマン」なども同じです。ビジネスの場では、しっかりと「オフィス・ワーカー」や「ビジネスマン」を使うようにしましょう。

このような英語を使うときは、きちんとした英語を使うにこしたことはありません。

内定は「辞退」するもの？「キャンセル」するもの？

✕ 内定をキャンセルします

⇓

○ **内定を辞退させていただきたく存じます**

学生が、「2つの会社から内定をいただいたのですが、一方をキャンセルしたいと思っています」と伝えてくることがあります。

「キャンセル」という言葉は、自分が予約したものを取り消すために使う言葉であって、就職は採用をこちらから予約したものではありませんので、「辞退」を使います。キャンセルは、たとえば、飛行機のチケットやホテルの宿泊予約を取り消すときに使う言葉です。

以前は、就職と言えば、終身雇用が前提で、会社に「骨を埋める」覚悟を持って入社し、休日返上で自分の力を捧げるものでした。そのため、「キャンセル」といった言い方は考えられませんでした。時代の変化と言ってしまえばそれまでですが、それでも「内定先の一方をキャンセルする」という言い方は、やはり年輩の人たちからすれば、腑に落ちないという印象を与えてしまいます。

学生には、「内定をキャンセルする」ではなく「誠に勝手ではございますが、内定を辞退させていただきます」と「書く」のですよ、と教えています。

「書く」というのは、文字通り「書く」のです。電話やメールを使うのではなく、便箋にきちんとした文字で、丁寧に「内定辞退のお願い」という手紙を書くのです。

どこで再びその会社にお世話になるか分からないということを考えて、そして内定をいただいたことに感謝しながら、手紙を書いてほしいと思います。

もちろん、最近では電話やメールで内定辞退の連絡をするのが主流になっていますが、どの連絡手段でも「キャンセル」という言葉は使わないようにしましょう。

「してください」を目上の人には使わない

× ご指導してください

⇓

○ ご指導ください

子どもが「だっこして～」「おもちゃ買って～」などと、お父さんやお母さんに泣きながら訴えている光景を、デパートなどで目にすることがあります。あるいは、お母さんが、ご飯を口に入れるとき、子どもに、「はい、あーんして！」と言っているのを聞くこともあります。

「～して」という言葉は、嘆願、懇願など、「お願いだから～してほしい」という意味で日常的によく使われますね。

しかし、「ご指導してください」と目上の人に言った場合、この「して」には、先の例のように甘えるようなニュアンスがあるため、軽い印象を与えてしまいます。いくら仲の良い上司に対してだとしても、甘えるように「指導してー」と懇願するのは失礼でしょう。

「ご指導くださいますようお願い申し上げます」と言うのがもっとも適当な言い方です。これを省略して言う場合には、「ご指導ください」と使ってください。

同義語に「ご教示ください」「ご教授ください」という言葉がありますが、これらは、もっと専門的なことを目上の人から教えてもらうときに使います。大学の先生や、何か特別な知識や技術のある人に教わりたいときは、是非、こちらを使ってみてください。

「○○的」という便利な言葉に逃げない

× 私的には

○ 私といたしましては

「的」という言葉は、もともと中国語です。日本語では、よく「の」を表すのに使われています。たとえば、彼は「村的財産」と書けば「村の財産」という意味になります。ただ「村的」と書くと、「村の」という以外に、愛情とちょっと馬鹿にした皮肉を込めて、「田舎者」という意味になったりもします。

日本語の「私的《わたくしてき》には」という言葉は、この「村的」と同じように自分を軽蔑することで謙虚さを表すニュアンスがあります。

「私的には」は、自分の意見や考えを述べるときによく使われる表現です。しかし、一方で、自分の意見や考えをはっきりと述べたくないときにも使われます。たとえば、「この服は、私的には似合っていないと思う」と言うと、「私には似合っていないように見えるけど、あなたはどう思う？」という意味に解釈できます。

また、「合法的」「徹底的」「政治的」「悲劇的」「科学的」など、「〇〇的」という言葉がよく使われますが、これは「そのような性質をもっている」「それらしい」「その方面に関わる」という意味で、直接的な表現を避けるための言い方です。

つまり、「私的には」は、謙虚さもありますが、責任を逃れる意味にもなります。

自分の意見を相手にしっかり伝えたいときは、是非、「私といたしましては」と言うようにしてください。

別の仕事で忙しく、相手に時間を割けないとき

×　取り込んでおりまして

⇐

○　**大変申し訳ありません**

「取り込んでいる」という言葉は、家の中で事件やもめごと、冠婚葬祭などがあって慌ただしくしているという意味で、江戸時代から使われています。

「お取り込み中、申し訳ありません」などは、ビジネスシーンではよく使われる言葉かもしれません。

ただ、同じく江戸時代には「取り込む」は、「物事や人を丸め込んだり、欺《だま》した

り、ごまかしたりして自分のものにする」ことを指す言葉でもありました。

今でも、大阪など関西では、「うまいこと取り込んでん」と言うと、「巧みに人を欺して物やお金をかすめ取った」という意味になります。

こういう、マイナスの意味も含む言葉を、人に対して使ってしまうと、相手によっては誤解を招きかねません。


したがって、別の用事があるなどで慌ただしく、相手を待たせて嫌な思いをさせてしまった場合には、素直に「大変申し訳ございませんでした」と謝罪をして、理由なども言わないのが礼儀です。

理由を言わないのは、責任を他人や別の仕事に転嫁しているような印象を与えてしまい、自分の準備不足を棚上げしているように受け取られてしまう可能性があるからです。さらに、相手に迷惑をかけたことを軽視しているようにも感じられてしまいます。

「つかぬこと」は「つまらないこと」という意味ではない

✕ つかぬことを伺いますが……

⇐

○ 恐れ入りますが……

「つかぬこと」という言葉は、最近「つまらないこと」という意味で使われるようになってきました。

じつは、「つかぬ」と「つまらない」は、意味としてまったく違います。

「つかぬこと」は、漢字で「付かぬこと」と書きます。

つまり、話題になっている話とは、「まったく関係のないこと」「付随しないこと」という意味です。

これに対して「つまらないこと」は、「取るに足りないこと」「おもしろくないこと」「馬鹿げたこと」「不必要なこと」を意味します。二つの言葉、似てはいても意味がちょっと違います。


「つかぬことを伺いますが」を使う場合には、相手との話の流れがあることが前提になるので、いきなり話しかけるときに使うのは誤りなのです。

見知らぬ人に道を尋ねる場面など、人に突然何かを質問するときには、相手のことを考えて、「恐れ入りますが…」と声を掛けるようにしてみてはいかがでしょうか。

ビジネスシーンで「わかりかねる」を多用しない

✕ わかりかねません・わかりかねます

○ わかりません

「〇〇さん、この問題を一緒に解決できないかな?」という上司の提案に対して、「わかりかねません」と返事をした人がいたそうです。

同じような状況で、「わかりかねません」と同様に「わかりかねます」と答える人もいますが、これも多用してはいけない返答だということをお伝えしておきます。

「わかりかねます」の「かねる」は、「〜し続けることができない」「〜しようとしてもできない」という意味です。

この場面だと、上司が一緒に難問に対処しようと誘っているのに対して、「わかりかねます」では、「上司の願いに対して、わかろうと考え続けることはできない、考えられない」ということになってしまいます。

また、「わかりかねません」は、日本語としておかしなものになっています。「わかりかねます」と「わかりません」が混ざってしまった、間違った言葉なのです。

「わかりかねます」は敬語としては誤用ではありませんが、ビジネスシーンで頻繁に使ってしまうと、曖昧かつ責任回避の印象を相手に与えてしまうため、使い方には気を付けましょう。

ビジネスシーンでは、丁寧な言葉かつ誰もがわかる言葉を使うようにするといいと思います。

この違いわかりますか？

安全と安心

「安全」と「安心」の違いを皆さんは説明できますか？

「交通安全」とは言っても「交通安心」とは言いません。

逆もしかり、「老後も安心」とは言いますが、「老後も安全」とは言いません。

「安全」は英語では「Safety」、「安心」は「Peace of mind」と言いますが、横文字にされても、違いが分かったような分からないような気がします。


じつは、「安全」とは、社会全体のあり方を指す言葉です。「交通安全」は、「交通にかかわっている人すべてに関すること」です。自動車、バイク、自転車、歩行者、子ども、高齢者、道を歩いている人全体が安らかで、なんの問題もないこと、つまり、客観性をもとに使われることが多い言葉です。

これに対して「安心」は、一人ひとり、個々人の心が安らかであることを言います。老後、自分が生活をするのに資金的な不足がないか、健康状態はどうか、こうしたことは個々人の問題です。つまり、主観をもとに使われることが多いのです。

「安全」と「安心」は似たような言葉ですが、全体を見るか、個人を見るかによって、言葉が少し異なるのです。

戦術と戦略

ビジネスでもスポーツでも、手当たり次第にやって勝てるものはありません。平戸《ひらど》藩主であった松浦静山《まつうらせいざん》の言葉に「勝ちに不思議の勝ちあり、負けに不思議の負けなし」があります。相手のへまなどでたまたま勝利を得ることはあるかもしれないが、たまたま負けるということはない。つまり、負けるにはそれなりの理由があるというのです。その負ける理由は、「戦術」と「戦略」のいずれか、あるいは両方がうまく行なわれていないからなのです。

それでは「戦術」とはなんでしょう。「術」は「筋道に従った行ない」です。あることが起こったらこうしようとあらかじめ行動を決めて、それができる訓練を十分に行なっておくことです。

それでは「戦略」とは？　「略」は「計略」「要略」「大略」などの熟語でも使われますが、これは、大きな視点で、分割して攻撃や守備範囲を図り、何をどうするのかという大筋を決めることです。

つまり、「戦略」は参謀本部などが計画し、「戦術」は将軍など実際に兵卒を動かしていく人たちが行なうことになるでしょう。

戦術と戦略の二つが呼応しておらず、計画通りに物事が行なわれないと、勝利が当然と思われる戦いでも、負けてしまうものなのです。

第5章

間違って覚えられている日本語

天地無用

宅配便の段ボール箱に、「天地無用」と印刷されたシールが貼られているのを見たことがある人は少なくないでしょう。

「天地無用」の「天地」は、天が空、つまり上を意味し、地が地面、つまり下を表していることは、すぐに分かると思います。

それでは、「無用」とは何でしょうか。

「無用」を「用が無い」と読んでしまうと、「役に立たないもの」とか「用事が無いこと」などの意味と捉えられてしまいます。この解釈は世間にも浸透しており、空き地に立てられた看板などで「無用の者、立ち入るべからず」と書いてあるのも目にするくらいです。しかし、それだと「天地無用」の意味が分からなくなってしまいます。

じつは、「無用」は、「してはいけない」という意味も持っているのです。「天地無用」は、「天地、つまり、上下を逆にしてはいけない」ということを表しています。本来なら「天地逆さ置き無用」「上下反対置き無用」と書かれるべき言葉なのですが、四字熟語にするために、「逆さ置き」「反対置き」の部分が省略されて「天地無用」となってしまったのです。

もともと、運送会社の業界用語として狭い範囲でしか使われていなかった言葉ですが、これほどまでに宅配便などが普及した今日、「天地無用」というシールの存在は、世間に広く知られるようになりました。そのため、誰もが一目でわかるように、「上下逆さ置きにしないでください」とはっきりと明記したほうがいいのではないかと思うのです。

「さわり」って、冒頭のことじゃないの!?

話のさわり

映画やドラマなどのあらすじを人に伝えるのは、とても難しいことです。聞いている人を飽きさせないようにうまく説明することは、ほとんどの人ができません。

さて、どうしても映画の内容や楽曲のよさを伝えたいときに、「ちょっとだけ、さわりの部分を教えようか」と言ったりすることがあります。

みなさんは、どの部分を相手に伝えようとしますか。

なんと、映画の出だしの部分、歌の出だしのところだけを話したり、歌ったりする人がとても多いのです。

「さわり」は、「出だし」「始めの部分」のことではありません。「さわり」は、漢字では「触り」と書きます。つまり、もっとも人の心に「触れる」部分のことを言うのです。映画であれば「一番盛り上がるところ」、歌で言えば「サビ」と呼ばれる部分のことなのです。

平成十九（二〇〇七）年度の「国語に関する世論調査」では、すでに五五％の人が「さわり」を「話などの最初の部分のこと」と答えています。間違った使い方をしている人が、正しい使い方をしている人をすでに超えてしまっている状態なのです。

もしかしたら、いつのまにか、正しい使い方が忘れ去られてしまうのではないかと思われます。

信号機に青色があるのは日本だけ?

青信号

二〇一四年のノーベル物理学賞は、青色発光ダイオード（LED）を発明した日本人の赤崎勇、天野浩、中村修二の三人に贈られました。現在使われている日本の信号機のほとんどは、この青色発光ダイオードを使って、「青色」に光らせているのではないかと思います。

ですが、交通信号機は、世界中どこでも「赤・黄・青」の三色だと決まっているわけではありません。

じつは、世界各国では、「赤・黄・緑」の三色だと認識されているのです。日本人だけが、信号の「ゴー」サインを「青」と呼んでいるのです。

交通信号機が「赤」を「ストップ」、「緑」を「ゴー」と、色で識別したのは、一八六八年ロンドンでのことでした。日本での機械式交通信号機の導入は昭和五（一九三〇）年です。

この頃、日本人は、「緑」と「青」を、言葉で区別することができませんでした。新緑の「緑」を、「青葉」と呼んだりするのもその名残です。そのため、当時の新聞が「青信号」と報道した影響で、この呼び名が一般に広まったと言われています。現在は法令でも、「青色の灯火」と定められています。

海外へ行ったとき、「さあ、信号がブルーだから渡ろう」と言うと、怪訝《けげん》な顔をされるかもしれません。ひとたび海を渡れば、信号の「ゴー」サインは「グリーン」、緑色なのです。

「煮詰まる」は「行き詰まる」という意味ではない

議論が煮詰まる

会議で、誰も何も言わなくなってしまったとき、「煮詰まりましたね……」と言った三〇代の先生がいました。

七〇代の老年の先生が、眉を顰《ひそ》めて言いました。「それはどういう意味かね、結論を早く出せということかな？」

「そういう意味ではありません。もうこれ以上話し合っても、発展しないという意味です」と三〇代の先生が答えました。

五時間も掛かった会議はこの発言によって終わったのですが、先の口論などもあってか、いい雰囲気ではありませんでした。

さて、「議論が煮詰まる」は、世代によって意味が異なる言葉です。

平成十（一九九八）年の広辞苑第五版では「結論を出す段階になる」と書かれていますが、平成十五（二〇〇三）年の日本国語大辞典第二版では「行きづまってどうにもならなくなる」と説明されています。

じつは二〇〇〇年頃に、「行きづまってどうにもならなくなる」という意味で、この言葉が使われだしたのです。

これは、「行き詰まる」と「煮詰まる」が混同されてしまったことや、料理を煮込みすぎて失敗したイメージから、「どうにもならない」という意味に転じたことが原因として考えられます。

この言葉は、冒頭の場面のように、誤った使い方をしてしまうと嫌味のように捉えられてしまう可能性もあるので、会議では極力使わないようにしたほうがいいかもしれません。

「姑息」の卑怯なイメージは間違いだった!?

姑息

「あんな姑息《こそく》な手を使うなんて、絶対許せない」という言葉は、映画やドラマでよく耳にします。

みなさんは、この「姑息」をどんな意味で使っていますか？

「卑怯な手口」「きたない方法」という意味で使っている方が多いのではないかと思います。

じつは、「姑息」には「卑怯」「きたない」という意味はまったくありません。

「姑息」という言葉を国語辞典で引くと、「姑」は「しばらく」という意味、「息」

は「動作をしばしやめること」という意味なので、「しばらくの間、息をつくこと」「一時の間に合わせに物事をこなすこと」だと出てきます。

これは、儒教の経典である経書のひとつ、『礼記《らいき》』（檀弓《だんぐう》篇）に由来するものです。「君子の人を愛するや徳を以ってし、細人の人を愛するや姑息を以ってす」（徳のある立派な人が他人を思うのは、相手のことを思いやる気持ちにあふれているが、自分のことしか考えない人が人を思うのは、一時的なものである）のように、「一時しのぎ」という意味で使われています。

「あんな姑息な手を使うなんて」という言葉は、「本来の誠（愛）を外れて、一時しのぎの方法ですませるなんて」というのが、本来の意味なのです。

たとえ、その行動が、自分にとって不都合なものであっても、丁寧に謙虚な気持ちで、物事に対応しなければならないということを言ったものです。

本来の意味をほとんどの人が知らない「檄を飛ばす」

檄を飛ばす

スポーツ中継などを見ていると、よく「コーチが選手に檄《げき》を飛ばしていますね」というコメントを耳にすることがあります。

これは、もちろん「激励している」「応援している」という意味で使われているのですが、この使い方は誤りです。

「檄」とは、もともと「自分の主義、主張を書いた文書」のことです。

市ヶ谷の防衛庁（現在の防衛省）で三島由紀夫が自決したとき、「檄」という声明文を撒布し、絶叫していたことを知っている方も少なくないのではないでしょうか。三島は、檄を飛ばして、聴衆が自分の意見に共鳴するよう呼びかけたと言います。

「檄を飛ばす」とは、もともと「人々を呼び集める」「自分の主張に共鳴するように呼びかける」という意味で使われていた言葉です。

ところが、二〇〇〇年頃には「元気のない人に、刺激を与えて活気付けること」という意味だと思う人が、日本語を使う人の約七割以上になったのです。

これは、「檄」と激励の「激」がよく似た漢字であり、本来の意味にある「人に対する呼びかけ」の部分が、「激励している」「応援している」という意味と混同するようになったからだと考えられます。

本来の意味を知る人は、これからますます少なくなってしまうでしょう。

マスメディアで多用され、悪いイメージがついてしまった

ハッカー

全世界で、電子マネーが使われるようになってきています。みなさんの中にも、決済はすべてカードやスマホで、現金は使わないという人が、徐々に増えてきているのではないでしょうか。わざわざお金をおろしに銀行に行かなくてもいいなんて、とても便利な世の中です。

ただ、恐いのは、自分のパソコンや会社の決済などが、覗かれたり、破壊されたり、不正行為が行なわれることです。私たちは自分がまったく気が付かないうちに、機密情報や個人情報が盗まれている危険性と隣り合わせになりました。

こういうことをする人を、日本では世間一般に「ハッカー」と呼びます。ですが、

正式にはこの呼び方は間違いです。「ハッカー」とは、英語で「コンピューターやインターネットなどについて造詣が深い人」という意味で、本来は、「不正アクセスをする人」のことではありません。

海外などで、「あなたはハッカーだね！」というと、「コンピューターの知識に長けた人」といういい意味で捉えられるのです。

パソコンを使って不正をする人は、英語では「クラッカー」、あるいは「セキュリティー・ハッカー」と呼ばれます。

また、「ハッカー」本来の意味が転じて、「不正アクセスをする人」という使われ方が浸透してきた今日の海外では、意味を区別するために、本来の意味の「ハッカー」を「ホワイトハッカー」、犯罪者という意味の「ハッカー」を「ブラックハッカー」と呼ぶこともあります。

海外に行って、「クラッカー」のことを「ハッカー」と言っていると、不正アクセスする人のことを褒めているように誤解されるかもしれませんので、要注意です。

もともとは店の主人がお客様に対して使う言葉だった

おあいそ

レストランや居酒屋に行ったとき、店員に対して「おあいそしてください」と、言う人がいます。

これは、明らかに使い方が間違っています。

「おあいそ」とは、もともと店の主人が「愛想がなく、行き届いたまかないができずに、申し訳ありませんでした」という意味で、客に対して使う言葉だったのです。

たとえば、お寿司屋さんに行って、カウンター（本当は「つけ場」と呼ぶ）で、客が「ごちそうさまでした」と言うと、それに対して寿司職人が「おあいそ」と言いながら、勘定書を示していたのです。

この「おあいそ」が、いつのまにか「会計」を表す言葉として使われるようになり、客のほうから「おあいそ」と言うようになったのでした。

客が、お寿司を握る職人さんに「愛想がなくて、ごめんなさい」と言うなんて、おかしくありませんか？

お店で会計を依頼するときには、「おあいそ」なんて言葉を使うのではなく、きちんと「お会計をお願いします」と言ったほうがいいのです。

接続詞として用いるのが正しい使い方

閑話休題

中国の小説に「四大奇書《しだいきしょ》」と呼ばれるものがあります。『三国志演義《さんごくしえんぎ》』『水滸伝《すいこでん》』『西遊記《さいゆうき》』『金瓶梅《きんぺいばい》』です。「奇書」というのは、「世にもまれなほど卓越した書物」という意味です。

さて、そんな複雑な話を描く小説には、必ず「脇道にそれての説明書き」が必要になってしまいます。

「閑話休題《かんわきゅうだい》」とは、『水滸伝』に由来する言葉です。

『水滸伝』には「閑話休題、言正話乎」、読みくだすと「閑話を休題し（脇道にそれた話を止めて）、正話《せいわ》を言わんや」という言葉で使われています。

現在の日本語で「閑話休題」と言うと、「本題から脱線した話をする」という使われ方をされることがありますが、じつは、これは本来の意味とはまったく逆なのです。

話が横道にそれてしまったことを示したいときに、是非、使ってみてください。

「閑話休題」の正しい使い方の例文を紹介しましょう。

「閑話休題（雑談はさておき）、先ほどの議事に戻りましょう」

「閑話休題（ここまでの話は前置きです）、さて、ここからが本題です」

「閑話休題（いろいろな事情はありますが）、規則について本気で話し合いましょう」

このように、前置きとして「閑話休題」を使い、円滑な会話や文章を構成しましょう。

鳥肌が立つ

人の身体の感覚というのは本当に不思議なものですね。ゼロコンマの速さで、目に入ってくる小さな虫の侵入を阻んだり、本当に小さな石でも足の裏にあると歩きづらさを感じたりします。

ところで、みなさんはどんなときに、自分の両腕の肌が、羽を取ったニワトリの肌のように、毛穴の周りが盛り上がったように見えますか。

いわゆる「鳥肌が立つ」現象です。

最近の若い人は、「鳥肌が立つほど感動した」と頻繁に言うようですが、じつは、人は感動したときには鳥肌は立ちません。

鳥肌が立つのは、人が寒気のするような恐怖を感じたときです。あるいは、強い寒さ、悪寒を感じた場合に限るのです。

そもそも「鳥肌が立つ」という言葉は、「寒さや恐怖によって皮膚が収縮すること」を意味します。「鳥肌」は「鳥の皮膚」を意味し、「立つ」は「毛が逆立つ」という意味です。つまり、「鳥肌が立つ」とは、鳥の皮膚のように毛が逆立つような状態を指します。これは、毛穴の根元にある立毛筋《りつもうきん》という筋肉の収縮によって引き起こされます。立毛筋は、寒さから体を守るために毛穴を閉じ、体温を逃がさないようにしてくれるのです。

本当に感動したときには、身体が震え、思わず涙が出て来ます。

「鳥肌が立つほどの感動」というのは、芸人さんが感動を大げさに表現しようとして使われた、間違った日本語なのです。

「台風の当たり年」という言い方は間違い

当たり年

いつ、どのラジオ局だったか忘れてしまいましたが、「今年は台風の当たり年ですね」と言っているのを聴いたことがあります。

確かにその年は、いくつもの台風が日本列島を直撃して、たくさんの被害を出していたのです。

とはいえ、「当たり年」という言葉は、台風には使いません。

「当たり年」とは、もともと農作物や果実がよく実る年のことを言います。

たとえば、「今年は、柿の当たり年」と言えば、例年以上に柿が多く実っている年という意味になります。

そこから転じて、「縁起がいい年」「幸運に恵まれた年」という意味でも使われるようになったのです。

また、ワインに限ったことですが、天候に恵まれず、品質の良いブドウが収穫できなかった年は「外れ年」という言い方をします。

つまり、台風や地震など、自然災害が次々と起こる場合には、決して「当たり年」などと使ってはいけません。

「相次ぐ台風の接近」「再三の揺れ」などという言い方をするべきなのです。

何かをごまかすとき、濁すのは「言葉」か「口」か

言葉を濁す

都合の悪いことを言うのに、モゴモゴと口ごもり、言いづらそうにすることがよくあります。

これを、「ごまかす」の類語で「言葉を濁す」と言います。

ところが、これを「口を濁す」と言う人が増えて来ていると言われます。平成二十八（二〇一六）年度の「国語に関する世論調査」でも、一七・五％の人が、モゴモゴと言葉をごまかして言うことを「口を濁す」と言うと答えているのです。

七四・三％の人が、「言葉を濁す」を使っているというのですが、「口を濁す」を使う人が今後、増えてくる可能性もなくはありません。

「口を濁す」という言い方は、おそらく「口」をモゴモゴさせることの連想から生まれたものだと考えられます。

ただ、「口」を濁らせるというと、「濁った口」、つまりあまりきれいな言葉ではない感じにも思えます。

「言葉を濁す」は、明治時代になってから使われるようになったものです。都合が悪いことをあいまいにして、はっきり言わないことを意味します。

「言葉を濁らせる」くらいにして、「口」は濁らないように清くしていたいと思います。

確信犯

「あの学生は、確信犯でカンニングをやっていたと考えられます」あるいは「その政治家が賄賂を受け取ったのは確信犯だと思われます」という言葉を、ニュースで耳にしたことがあります。

この場合の「確信犯」は、「悪いと知っているにもかかわらず、やってはいけない行為をすること」という意味での使われ方です。みなさんも、このような意味で日常的に使うことがあるでしょう。

「確信犯」が、こういう意味で使われ始めたのは、平成元（一九八九）年頃からだと言われています。だとすれば、すでに三〇年程、こういう意味で使われてきたということになるでしょう。

それでは、本来はどういう意味だったのでしょうか。

それは「宗教的、政治的な信条に基づいて、自分の考え方は絶対に正しいと確信して行なった行為が、社会の規範からすると間違っていた」という意味です。

「テロを起こした過激派組織は確信犯である」「確信犯として許可されていないデモに参加してしまった」というのが、本来の使われ方なのです。

ちなみに、平成二十七（二〇一五）年度の「国語に関する世論調査」によると、本来の意味とされる「信念に基づく犯罪」で使う人が一七％、本来の意味ではない「悪いこととわかった上で行なう行為」で使う人が六九・四％という結果が出ています。

「確信」を「見つかったら捕まってしまうだろうことを確信」して「犯行に及ぶ」のか、「自分の考えは絶対に正しいとする確信」が「犯行と判断される」のか、という「確信」の意味の取り方によって、意味はまったく違ったものになるのです。

気が置けない

私の授業を受けている学生が、「あの先生は、気が置けない人だからね」と、大学の事務から言われて、飛んでやってきました。「先生は、単位をなかなかくれない怖い先生なのでしょうか。履修はしない方がいいでしょうか？」と言うのです。

わざわざ聞きに来る学生の度胸も大したものですが、彼は「気が置けない」の意味を間違って捉えているようです。

「気が置けない」という言葉は「気を遣う必要がない人」「気が許せる人」「遠慮などする必要がない人」という意味ですが、最近の人たちは、そういう意味ではなく、まったく反対の意味だと思っているようです。

平成十八（二〇〇六）年度の「国語に関する世論調査」では、

（ア）相手に気配りや遠慮をしなくてよいこと……………………四二・四％
（イ）相手に気配りや遠慮をしなくてはならないこと…………四八・二％

と、すでに、本来の意味とは、まったく逆の意味だと思って使っている人が多くなっています。

おそらく今日では、（イ）の意味で使っている人がさらに多くなっているに違いありません。

この言葉を使うときは、ほとんどの相手が反対の意味として捉えてしまうため、「気が置けない人だから、遠慮もしない、気も遣わないで楽しく会話できるよ」と、意味を補足しながら言うといいと思います。

「小春日和」は、秋から冬の間でしか使えない

小春日和

明治時代の文豪、島崎藤村の名作『千曲川のスケッチ』（一九一一年）に、こんな文章が書いてあります。

「秋から冬に成る頃の小春日和は、この地方での最も忘れ難い、最も心地の好い時の一つである」

長野県上田市を東西に流れる千曲川は、新潟県に入ると信濃川と名前を変えますが、藤村は、上田市からさらに上流の小諸（現・小諸市）に滞在してこの文章を書いたのでした。

さて、この文章からも分かるように「小春日和」とは、晩秋から初冬の間に訪れ

る暖かい春のような一日のことを言います。

「小春」は、陰暦十月の別名で、現行の陽暦では十一月頃にあたります。この、秋から冬に移り変わる時期に、まるで春のような穏やかな陽気が続くことから、「小春日和」と呼ばれるようになりました。

ところが最近では、テレビやラジオなどで、お正月から二月末頃までに訪れる暖かい日を「小春日和」と表現しているのをよく耳にします。

これは「小春」の「小」を「ちょっとだけ」という意味で解釈し、「ちょっとだけ春になったような天候」だと誤用しているのです。

ちなみに、小春日和の空を表現する語に「小春空」、小春日和の風を表現する語に「小春風」があります。「小春空」は、青空が広がり、雲が少なくて澄んでいる空のことで、「小春風」は、弱くて穏やかな風のことです。これらの語を用いることで、小春日和の特徴をより具体的に表現することができます。

気候変動によってわが国の季節も変化しつつありますが、そうなると古典を理解するということもなかなか難しくなって来るのではないかと思うのです。

弱冠

「弱冠三五歳の若さで亡くなった女子スポーツ選手にとって、オリンピックの金メダルは尊いものだったに違いありません」という記事を読んだことがあります。

この文を読んで、何の違和感も持たないという人も多いのではないでしょうか。

ただ、「弱冠」という言葉の正しい意味を知ると、ちょっと日本語としておかしいことに気づくかもしれません。

この言葉には、「冠」という漢字が使われていますね。冠は、中国の周（紀元前一一〇〇年頃〜前二五六年頃）の儀式で、貴族の子息が二〇歳を迎えて、「成人」

になったことの証として頭にいただくものでした。

これは、元服《げんぷく》と呼ばれ、成人として社会の一員だと認められることを意味する儀式です。

また、この「弱」は、「よわい」という意味ではありません。

中国、儒教の経書のひとつである『礼記』には、「二十を弱といい、冠す」と書かれています。

つまり、「弱冠」とは、「男性」が、二〇歳になって冠を頭にかぶり、「成人」となることを意味するのです。

「三五歳の女子スポーツ選手」を「弱冠」というのは、二〇歳ではないこと、男性ではないことの二つの点で間違っているのです。

ひとり旅

気が向いたときにふらりと一人で家を出て、行く当てもなく来た電車に乗って二泊三日くらいの旅に出る、そんなことが時折できると、気分転換にもなるし、見聞を広めることにもなって、いいのではないかと思ったりします。

中国の詩人では杜甫《とほ》や李白《りはく》、わが国では松尾芭蕉など、旅に一生を捧げて、文学に大きな足跡を残した人がいると思うとなおさらです。

じつは、杜甫や李白の「旅」は、食事を用意してくれる給仕や使用人など、少なくとも三〇人もの人を従えての「旅」だったと言われています。

「旅」という漢字の成り立ちを見ると、「ひとり旅」という言葉には矛盾があることがわかります。

旅という漢字は、象形文字で、「㫃」という字の下に、「从（従、と同義）」が加わった漢字です。「㫃」の部分は、旗がゆらめいている姿を表しています。「従」は、複数の人々が集まっている姿を表現した漢字です。つまり、旅は、「旗の下に集まった人々が移動する」という意味があります。

古代中国では、旗の下に集まった人々とは、軍隊の兵士や商人などの集団を表していました。

そのため、旅という漢字は、軍隊や商人の移動など、広い意味での移動を表す言葉として使われていたのです。

もちろん「旅」をする主人は「一人」なのですが、漢字の意味をよく知ってから「ひとり旅」という言葉を見ると、一人のツアーコンダクターが連れて行ってくれるところに、ぞろぞろと後に人が付いてやってくる情景が頭に浮かんで来るのです。

「雨模様です」、雨は降っている？　降る前？

雨模様

「今日は、朝から雨模様です」と、テレビのキャスターが伝える場面が映ります。夜半から降り出した大粒の雨で濡れる路面とそこを行き交う通勤通学の人たちをカメラは映し出していました。

ここでは、「雨模様」という言葉は、すでに「雨が降っている状態」という意味で使われています。

しかし、本来「雨模様」とは、「雨がこれから降り出しそう」「雨になりそうな天気」を意味する言葉です。

「雨になってしまいそうな様子」のことを、古語では「あまもよい」「あめもよい」

と表していました。この「もよい」とは、「催す」の意味で、「推移する」「そうなるらしい風情」「それらしい様子」という状態を指す言葉です。現代でも、「眠気を催す」などで使われたりしますが、眠いだけであって、まだ眠ってはいませんよね。

つまり、「あめもよいです」と言えば、まだ雨は降っておらず、これから降りそうな状態だということになるでしょう。「雨模様」は、「あめもよい」が変化してできた言葉です。だとすれば、「雨模様」も、「これから雨になりそうだ」ということになります。

これが、平成十五（二〇〇三）年度の「国語に関する世論調査」では、「小雨が降ったりやんだりしているようす」と回答した人の割合が、「雨が降りそうなようす」と回答した人の割合を上回ったように、この頃から、テレビやラジオでも「雨模様」を「雨が降っていること」として誤用されるようになったのです。

「雨模様」に対して、「晴れ模様」という言葉もあります。こちらも「雨模様」と同じように、「晴れそうな空模様」「晴れそうな気配」という意味ですので、あわせて覚えておきましょう。

破天荒

「破天荒な行動が過ぎたのか、芸能界から突然引退！」などという見出しを週刊誌の記事で見たりすることがあります。

こういう場合の「破天荒」は、おそらくこの芸能人が、あまりにも「派手、あるいは大胆、支離滅裂、豪快な生活をしている」ことへの批判を込めた使われ方をしているのではないかと思います。

しかし、「破天荒」とは、もともとそういう意味の言葉ではありません。

中国・宋代の説話集『北夢瑣言《ほくぼうさげん》』に由来する言葉です。

中国の荊州《けいしゅう》という場所は教育水準が低く、ここから一〇〇年以上も官吏《かんり》登用試験である「科挙《かきょ》」に通る人が現れていませんでした。あまりにも荒れ果てた所だったので、ここは「天荒」と呼ばれていたのです。ところが、ある年、劉蛻《りゅうぜい》という人が科挙に合格しました。

このことから、「ついに天荒を破った」というので、「破天荒」という言葉が作られたのでした。

つまり、本来の意味は「これまでになかったこと、未曾有《みぞう》の出来事」という意味だったのです。

「破天荒」という語は、どうして誤用されてしまうのでしょうか?

そのひとつの要因として、「破天荒」という語から「荒れ狂った」というイメージを受けやすいことが考えられます。「破」には壊すという意味があり、「天荒」には「天地が荒れる」という意味があります。

そこから、「型破りな」「豪快な」というイメージを連想してしまうのでしょう。

平成二十(二〇〇八)年度に行なわれた「国語に関する世論調査」によると、なんと六四・二％もの人が、「破天荒」を誤った意味で認識しているという結果が出ました。このことから、「破天荒」という言葉の誤用は、もはや日常的に行なわれていると言えるでしょう。

「アルベルト・アインシュタインの相対性理論は、当時の常識を打ち破る破天荒な発想に基づいたものだった」

「スティーブ・ジョブズの打ち出した破天荒な事業計画は、でアップル社を世界的な企業へと導いた」

というのが、適切な使い方なのです。

意外と知らない「着の身着のまま」本来の意味

着の身着のまま

「今度、同窓会のパーティーがあるんだけど、何を着ていけばいいかなあ」と妻に夫が聞きました。

妻の答えは「着の身着のままで、気を遣わない楽な格好でいいのよ」

奥さんが使う「着の身着のまま」の意味は間違っています。

「着」は、身につけている衣服を指します。また、「まま」は、そのままの状態ということ。したがって、「着の身着のまま」は「今着ている服以外は、何一つ着るものを持っていない」という意味の言葉なのです。

ですから、前述のように同窓会のパーティーに行くとき、「気心の知れた人たちの集まりだから着の身着のままの格好で出席する」のように使う人がいますが、他に着るものを持っているにもかかわらず、あえて普段着を選んでいるため誤用になるのです。

地震や火事などの災害に遭い、何も家から荷物を持ち出す時間がなかったときなどに「着の身着のままで家から追い出された」「着の身着のままで避難所生活をしている」という言い方をします。

ちなみに、今ではあまり使われなくなった言葉ですが、「着たきりスズメ」は着ている服以外に持ち合わせがないことを意味しており、いつも同じ格好ばかりした人のことを指す言葉として用いられていました。

なお、「着の身着のまま」の類義語としては、「身一つ」などがあります。

「これは微妙だね」、じつはめちゃくちゃ褒めている!?

微妙

「このラーメンの味どう？」

「なんか、微妙」

こんな会話を聞くことがあります。この場合では「あんまりおいしくない」「変な味」という意味で使われている「微妙」ですが、日常のいろんな場面で、物事の感想を消極的に伝える際によく使われています。

しかし、「微妙」とは、もともとそういう意味ではありません。

じつは、「美しさや味わいが趣き深く優れていること」、または「物事の状態などがとても複雑に入り組んでいること」を表す言葉だったのです。

後者の意味が、「一言で表せない」という意味に転じ、「良いか悪いか明言できない」などの否定的な意味で使われるように変化し、現在に至ったのです。

「微妙」という言葉の語源は、中国語の「微妙」です。中国語の「微妙」は、「微細で捉えにくい」という意味なので、日本語の「微妙」もこの中国語の意味を踏襲しており、冒頭のような使われ方とは、本来異なるものなのです。

「微妙」の「妙」は、人名で使われるときには「素晴らしい」「美しい」ということを表します。そう考えると、「微妙」が、「顕微鏡で見ないと分からない細かな点でも美しいものなのだ」という意味だということがすぐにお分かりになるのではないかと思います。

「かき入れ時」は、漢字で意味を覚える

かき入れ時

学生に「かき入れ時」の「かき」の部分を漢字で書いてごらんと言うと、さまざまな答えが出てきます。

「柿入れ時」「牡蠣入れ時」「掻き入れ時」「書き入れ時」などです。

「柿」と書いた学生は、「うちの庭にはいっぱい柿がなるんです。それを取る時です」と言います。「牡蠣」と書いた学生は、「オイスターバーでいっぱい牡蠣を食べる時」と答えます。

次はまじめな学生です。「掻き入れるようにお金を稼ぐ時期だからです。酉の市の熊手はお金や顧客を掻き入れるためのものでしょう」と答えてくれました。

正解は「書き入れ時」です。

理由は「帳簿の書き入れに忙しい時」という意味だからです。

商売をしていると、利益がないときは、帳簿に「書き入れる」ことなどありません。反対に売り上げが伸びれば伸びるほど、帳簿に「書き入れ」ないといけない数字が増えていきます。

すなわち、「書き入れ時」とは、商売や仕事において、売り上げや利益が大きく伸びる時期や時間帯のことを指す言葉なのです。

語源は前述のように、江戸時代の帳簿の書き入れに由来します。

当時は、金銭の収支や物品の出し入れを帳簿に手書きしていたため、商売が繁盛すると帳簿の書き入れに忙殺されるという意から、最も売れ行きが良く利益が上がる時期を「書き入れ時」と呼ぶようになったのです。

「書き入れ時」は、一般的に、年末年始や夏季休暇などの繁忙期を指すことが多いですが、業種や商品によってもその時期は異なります。たとえば、飲食店ならお昼時や夕食時、デパートならクリスマスやバレンタインデーなどのイベントの時期です。

また、「書き入れ時」は、単に売り上げや利益が大きく伸びる時期や時間帯を指すだけでなく、目標を成し遂げるチャンスが訪れる時期を指す意味でも用いられることがあります。たとえば、スポーツ選手や芸能人などの活躍が期待される時期は、その人の「書き入れ時」と言えるでしょう。

「浮かれている」と「浮き足立つ」の意味は違う

浮き足立つ

「最近、彼女ができたらしくて、あいつ、浮き足立っているんだよね」

テレビのドラマで、同僚の愚痴をよそに、ひとりウキウキして仕事がまったく手につかないイケメン俳優の姿が映ります。

しかし、本来「浮き足立つ」という言葉の意味は、うれしいことがあって、ニコニコ、ニヤニヤ、地に足が着かない状態を表す言葉ではありません。

じつは、「浮き足立つ」とは、「恐怖や不安を感じて、逃げ腰になること、また腰が引けて落ち着きがなくなること」を表す言葉です。

「エースピッチャーの投げる剛速球に、打者は浮き足立っています」などと使うのが適切です。

「浮き足」とは、かかとが地に着いていないつま先立ちのことです。そこから、不安で落ち着かず、逃げ腰な状態を意味するようになったのです。

もし、冒頭のように「彼女ができて浮き足立っている」とするなら、イケメン俳優演じる男性は、彼女が怖くて、逃げ腰になっているという意味になってしまいます。

「浮き足立つ」が、まるで浮かれてダンスを踊るように、足が動くようなイメージを与えることから、意味が変化したのだと思いますが、本来の意味もやっぱり知っておいたほうがいいと思います。

「浮き足立つ」の類義語に、「浮き腰」という言葉があります。こちらも、逃げ出しそうな様子を表す言葉で、「浮かれている」のような意味とは異なるため、使い方には注意が必要です。

この違いわかりますか？

我慢と辛抱

「我慢」とは、もともと仏教の言葉で、人の心の悪い作用をいいます。「七慢」と呼ばれる仏教用語のひとつで、強い自己意識から人に対して高慢な振る舞いをしたりすること、つまり「うぬぼれ」を指す言葉です。

こうした意味が、次第に我意《がい》を張って、強情で、人に弱さを見せないようにと、ジッと耐え忍ぶという意味に転じたのです。

「我慢」と「辛抱」の違いをみなさんは説明できるでしょうか。

簡単にいうと、「我慢」は、見栄っ張りが自分の本当の心の動きを人に見せないようにして、あとで余計に苦しくなってしまう人間の哀しい心根《こころね》をいいます。

これに対して「辛抱」は、もともと「心法」と書かれていたのが当て字で「辛抱」となったものといわれており、つまり「心の働き」のことです。喜怒哀楽さまざまに心は働きますが、辛いことに対して心が作用し、それを堪え忍び、浄化あるいは忘却するように働くことを「辛抱」といいます。

「我慢」が、我を張って辛い思いを他人に見せないことであるのに対して、「辛抱」は、もっと内面で、心がその辛さをなんとかクリアしようとしていることをいうのです。

思いやりと心やり

思いやりがある人と一緒にいると、安心できます。他人の立場になって考えてくれるからでしょう。「心を寄せる」という言葉がありますが、思いやりがある人は、相手に心を配って同情してくるので、安心して話をしたり、相談にのってもらったりすることができます。思いやりのない人に心配事を話したりすると、かえって散々な事を言われて、心配がさらに増えてしまいます。

さて、みなさんは「思いやり」と「心やり」を同じ意味として認識してはいませんか。

なんと、「心やり」とは、「憂《う》さ晴らし」という意味なのです。

友人が、「心やり」で自分の相談にのってくれていたら、最悪です。もしかしたら、相談事に関してダメ出しをされたり、悪口を言われてしまうかもしれません。

「心やり」は「気晴らし」と言い換えることができます。「思いやり」と「心やり」、似ているようで意味は大いに異なりますので、使い方を間違えないようにしましょう。

本書は、本文庫のために書き下ろされたものです。

山口謡司（やまぐち・ようじ）
1963年、長崎県生まれ。大東文化大学文学部教授。博士（中国学）。大東文化大学大学院、フランス国立社会科学高等研究院大学院に学ぶ。英国ケンブリッジ大学東洋学部共同研究員などを経て現職。専門は書誌学、音韻学、文献学。『日本語を作った男 上田万年とその時代』（集英社インターナショナル）で第29回和辻哲郎文化賞受賞。
著書に『世界一役に立つ 図解 論語の本』『品がいい人は、言葉の選び方がうまい』『読めば心が熱くなる！中国古典100話』『日本人が忘れてしまった日本語の謎』（以上、三笠書房《知的生きかた文庫》）、『語彙力がないまま社会人になってしまった人へ』（ワニブックス）、『心とカラダを整える おとなのための1分音読』（自由国民社）、『文豪の凄い語彙力』（新潮文庫）、『語感力事典』（笠間書院）、『文豪の悪態』（朝日新聞出版）、『頭のいい子に育つ0歳からの親子で音読』（さくら舎）、『明治の説得王・末松謙澄』（集英社インターナショナル）など多数。

知的生きかた文庫

もう恥《はじ》をかきたくない人《ひと》のための
正《ただ》しい日本語《にほんご》

著　者　山口謡司《やまぐちようじ》
発行者　押鐘太陽
発行所　株式会社三笠書房
〒一〇二―〇〇七二 東京都千代田区飯田橋三―三―一
電話〇三―五二二六―五七三四〈営業部〉
〇三―五二二六―五七三一〈編集部〉
https://www.mikasashobo.co.jp
印刷　誠宏印刷
製本　若林製本工場

ISBN978-4-8379-8855-7 C0130

知的生きかた文庫

世界一役に立つ 図解 論語の本
山口謠司

仕事・人間関係……「どうすればいいか？」の答えは孔子の言葉の中にある！ まっすぐ、しっかりと生きるためのヒント満載！ 人生がとても豊かになる一冊。

品がいい人は、言葉の選び方がうまい
山口謠司

「了解」と「諒解」……相手に敬意が伝わるのは？ 「無念」と「遺憾」……残念な気持ちのニュアンスの違いは？ 似た言葉を的確に使い分ける力がつく！

読めば心が熱くなる！ 中国古典100話
山口謠司

「自分より優れた人材を集める」「相手の戦法の逆をつく」……群雄割拠から秦が中国を統一するまで、知略を尽くして活躍した人々の熱いエピソードが集結！

頭のいい説明「すぐできる」コツ
鶴野充茂

「大きな情報→小さな情報の順で説明する」「事実＋意見を基本形にする」など、仕事で確実に迅速に「人を動かす話し方」を多数紹介。ビジネスマン必読の1冊！

できる人の語彙力が身につく本
語彙力向上研究会

あの人の言葉遣いは、「何か」が違う！「舌戦」「仄聞」「鼎立」「不調法」「鼻薬を嗅がせる」「半畳を入れる」……。 知性がきらりと光る言葉の由来と用法を解説！

C50478